Awakening, 영적대각성 ❶

Awakening, 영적대각성 ❶_부흥을 노래하다

초판 1쇄 발행	2013. 7. 22.
지은이	하도균
펴낸이	방주석
펴낸곳	도서출판 소망
주소	(110-740) 서울 종로구 연지동 136-56 기독교연합회관 1309호
전화 | 팩스	02)392-4232 | 02)392-4231
이메일	somangsa77@hanmail.net
홈페이지	www.peterhouse.co.kr
출판등록	1977년 5월 11일(제 11-17호)
ISBN	978-89-7510-401-5 03230
책값	뒤표지에 있습니다.

© 이 출판물은 저작권법에 의해 보호를 받는 저작물이므로
무단 전재와 복제를 할 수 없습니다.

도서출판 소망은 기독교문화 창달을 위해 좋은 책 만들기에 힘쓰고 있습니다.

오직 성령이 너희에게 임하시면 너희가 권능을 받고
예루살렘과 온 유대와 사마리아와 땅끝까지 이르러 내 증인이 되리라 (행 1:8)

역적 대 각성 ①

Awakening,

하도균 지음

소망

글을 시작하며

'부흥'! 이 단어는 언제 들어도 저의 가슴을 뛰게 하는 단어입니다. '죽은 사람을 다시 살리고' '생명을 활활 불타게 하는 것'이라는 의미가 부흥의 주된 뜻이기 때문입니다. 죽어가는 데 다시 살아나기를 바라지 않는 자 누가 있겠으며, 내 안에 있는 생명이 풍성하게 누려져 활활 불타오르기를 마다하는 자 누가 있겠습니까? 성경의 역사를 보더라도 부흥의 이야기는 너무 익사이팅합니다. 우리로 하여금 부흥을 향한 소망을 가지게 하는 이유도 여기에 있다고 할 것입니다.

그런데 왜 쉽게 부흥을 경험하지 못하는 것일까요? 여러 가지 이유가 있겠지만 성경적 원리를 따르지 않는 것이 가장 큰 이유라고 생각합니다. 즉, 인위적인 부흥을 추구하면 안 되고 하나님께서 원하시는 것 외에 다른 목적이 조금이라도 섞여있어도 안 됩니다. 부흥을 경험하기 위해서는 성경이 지시하는 부흥의 원리와 순서를 따라야 합니다. 또한 성경적 원리에 따라 먼저 부흥을 경험하고 그 영향력을 흘려 내보내는 부흥의 주체와 같은 인물이 있어야 합니다. 이것은 부흥의 주체가 사람에게 있다는 의미가 아닙니다. 부흥의 주체는 하나님이시지요. 그러나 그 주체되시는 하나님의 인도하심에 따라 세상에 부흥을 일으켜 선도할 사람 편에서의 주체를 지칭하는 것입니다. 예를 들자면, 구약시대에 이스라엘이 경험하였던 미스바의 부흥운동은 사무엘이라는 하나님의 사람이 있었기에 가능했습니다. 또한 말라기 선지자 이후 근 400년간 영적인 암흑기의 시대에서 영적인 각성을 외치며 나와 신약의 시대를 열고 부흥을 경험시킨 인물도 세례 요한이었습니다. 하나님께서는 각 시대마다, 그리고 매 순간마다 하나님께서 사용하실 사람을 찾고 계십니다.

이렇게 보자면, 성경의 부흥의 역사는 이스라엘이라는 한 민족의 역사나, 한 신앙인물의 부흥의 이야기로 끝마쳐져서는 안 됩니다. 그 이야기는 하나님께서 오늘날 한 개인을 부흥시키실 방법이 담겨져 있는 이야기이며, 또한 한 민족을 일으키셔서 부흥케 하실 모든 비밀이 담겨있는 이야기입니다. 아니, 온 세상을 부흥시키실 하나님의 방법이 그 안에 담겨 있습니다. 그렇기에 성경적인 부흥의 이야기는 계속해서 더 깊은 연구와 그 사건에 대한 조망이 나와야 하며 그 속에서 성경적인 원리들이 제시되어야 합니다. 그리고 오늘 이 시대와 비추어 무엇이 문제이며, 부흥을 위해서는 어떠한 노력에 더 집중적인 헌신이 있어야 하는지도 배워야 합니다. 만약 이것이 가능하다면 하나님께서는 반드시 부흥을 원하는 개인과 단체, 국가에게 부흥을 주실 것입니다! 왜냐하면 부흥은 하나님께서 만드신 단어이며, 하나님께서 먼저 주시기로 작정하신 것이고, 부흥을 가장 기뻐하시는 분도 하나님이시기 때문입니다.

본 저서는 이러한 갈망에서 시작되었습니다. 필자는 전도학을 전공한 학자입니다. 전도는 복음을 전하여 영혼을 살리는 것입니다. 그렇기에 복음을 전하면 전할수록 하나님께서 부흥을 얼마나 원하시는지 더 깊게 알 수 있었습니다. 그러던 어느 날 부족하지만 사랑하는 조국에 다시 한 번 영적대각성이 일어나기를 소원하는 마음으로 2006년부터 1년에 한 차례씩 'Awakening(영적 대각성집회)'을 시작하게 되었습니다. 그리고 하나님께서 주시는 그 해의 부흥의 주제를 가지고 말씀을 전하기 시작하였지요. 성경에 나오는 부흥의 주제를 중심으로 성경을 풀고 그 안에서 지금의 우리를 돌아보며 부흥을 위해서 무엇을 노력해야 하는지를 인식하며 기도하게 하였습니다. 그리고 어느덧 8년째가 되었습니다. 이제 그동안 전했던 말씀을 정리하여 책으로 출판합니다.

이 책이 부흥을 갈망하는 모든 사람들에게 조금이라도 도움이 되기를 바라며, 또한 부흥에 관한 성경적인 조망의 책들이 더 많이 출판되기를 기대합니다. 그리하여 부흥의 분위기가 점점 고조되어야 합니다. 그럴 때 그 안에서 부흥의 불길이 치솟을 수 있기 때문입니다. 하나님께서 다시 한 번 사랑하는 조국 땅에 부흥을 주시기를 간절히 소원합니다.

2013년 여름, 성주산 기슭에서
하 도 균

글을 시작하며 • 9

PART I.
"깨어라 이 땅이여!
울어라 이 땅이여!
일어나라 이 땅이여!" • 14

Chapter 1. 깨어라 이 땅이여! (역대하 7장 12-14절) • 16
Chapter 2. 울어라 이 땅이여! (마태복음 5장 4절) • 45
Chapter 3. 일어나라 이 땅이여! (이사야 60장 1-3절) • 62

PART II.
"부흥을 노래하라!" • 78

Chapter 4. 인생의 밑바닥에서 바라본 환상 (에스겔 37장 1-14절) • 80
Chapter 5. 오직 의인은 믿음으로 말미암아 살리라 (하박국 2장 1-4절) • 104
Chapter 6. 부흥을 노래하라 (느헤미야 8장 1-10절, 하박국 3장 17-19절) • 130

contents

PART III.
"예배의 부흥을 경험하라!" • 158

Chapter 7. 예배 부흥의 시작! 꿇어 엎드림 (요한복음 4장 19-24절) • 160
Chapter 8. 예배 부흥의 절정! 보좌 앞에 나가 경배함 (요한계시록 7장 9-12절) • 187
Chapter 9. 예배 부흥의 지속! 하나님과의 친밀감 (출애굽기 14장 12-18절) • 209

1. 깨어라 이 땅이여!(역대하 7장 12-14절)
2. 울어라 이 땅이여!(마태복음 5장 4절)
3. 일어나라 이 땅이여!(이사야 60장 1-3절)

PART 1

> "깨어라 이 땅이여!
> 울어라 이 땅이여!
> 일어나라 이 땅이여!"

Chapter 1.
깨어라 이 땅이여!

역대하 7:12-14

12 밤에 여호와께서 솔로몬에게 나타나사 그에게 이르시되 내가 이미 네 기도를 듣고 이 곳을 택하여 내게 제사하는 성전을 삼았으니
13 혹 내가 하늘을 닫고 비를 내리지 아니하거나 혹 메뚜기들에게 토산을 먹게 하거나 혹 전염병이 내 백성 가운데에 유행하게 할 때에
14 내 이름으로 일컫는 내 백성이 그들의 악한 길에서 떠나 스스로 낮추고 기도하여 내 얼굴을 찾으면 내가 하늘에서 듣고 그들의 죄를 사하고 그들의 땅을 고칠지라

하나님께서 인간을 창조하셨을 때에 인간을 향한 구체적인 목적이 있으셨습니다. 하나님은 창조된 인간을 통해서 영광 받기를 원하셨고, 창조된 인간을 통해서 예배받기를 원하셨으며, 창조된 인간과 함께 교제하기를 원하셨습니다. 그리고 하나님의 형상과 모습대로 창조된 인간이 하나님의 명령대로 생육하고 번성하여 이 땅을 정복하고 다스리기를 원하셨습니다.

영적으로 잠들어 버린 인간

인간을 향한 하나님의 창조 목적은 이렇게 놀랍고 아름다웠습니다. 그러나 인간에게 죄가 들어온 이후에 그 창조된 모든 목적이 깨어져 버렸습니다. 하나님께 영광을 올려드려야 될 인간들이 하나님께 영광을 올려드리지 못하게 되었고, 하나님에게 예배드려야 할 인간들이 하나님을 예배하지 못하게 되었습니다. 그리고 이 땅을 정복하고 다스리며 하나님이 위탁하신대로 온전한 청지기의 역할을 감당해야 될 인간들이 그 목표를 온전하게 감당하지 못하게 되었습니다. 결국, 이 죄 때문에 인간은 하나님의 형상과 모습이 깨어진 채로 그리고 창조의 목적을 상실한 채로, 하나님이 원하지 않는 모습으로 아파하고 좌절하며 이 땅을 살아오게 되었습니다.

많은 신학자들은 이런 죄 된 인간들의 상태를 '영적으로 잠들어 있는 상태', '영적으로 죽어있는 상태' 라고 이야기를 합니다. 창조의 목적에서 벗어나 하나님이 계획하신대로 살아가지 못하는 사람들은 깨어 있는 것 같으나 영적으로 잠들어 있고, 살아 있는 것 같으나 영적으로 죽어있는 것입니다. 그래서 만약 우리에게 상처, 아픔, 좌절, 절망 등과 같은 영적으로 깊게 들어가지 못하게 하는 문제들이 있다면, 그것은 우리가 영적으로 잠들어 있다는 증거일 수 있습니다. 하지만 하나님은 우리가 그렇게 살아가도록 만들지 않으셨습니다. 영적으로 깨어 있어 하나님과 교제하며 하나님의 사랑과 은혜 속에서 감격하며 살아가도록 만드셨습니다. 그래서 하나님은 당신의 백성들을 향해서 지속적으로 깨어 있으라고 말씀하십니다.

영적인 자가 진단

이 말씀을 풀어가기 전에 자신의 영적인 상태가 어떤지 자가 진단을 할 수 있도록 몇 가지 기준을 드리려고 합니다. '나는 내가 영적으로 깨어 있는데 더 깨어나길 원해.' 하시는 분도 계실 것이고, '나는 영적으로 잠들어 있는 것 같으니까 이제라도 영적인 잠에서 깨어나길 원해.' 라고 생각하시는 분도 계실 것입니다. 그렇다면 이제 본문 말씀을 기준으로 자신이 영적으로 깨어 있는 자인지 아니면 영적으로 잠들어 있는 자인지 한번 진단해볼 수 있기를 바랍니다.

물론 앞서 말씀드린 바와 같이 하나님께서 창조하신 목적에서 벗어나 살아가고 있다면 영적으로 잠들어 있는 사람일 수 있습니다. 그러나 성경에서 영적으로 깨어 있는 기준을 제시할 수 있는 대표적인 구절들을 찾아보는 것은 성경이 믿는 자들에게 왜 깨어 있으라고 경고하는지 그리고 깨어 있는 자는 어떻게 살아가야 하는지 지침을 줄 것이라 생각합니다.

그러므로 여기에서 우리가 중요하게 집고 넘어가야 하는 것이 있습니다. 나는 영적으로 깨어 있다고 생각하기 전에 성경이 말씀하고 있는 기준 안에서 정말로 영적으로 깨어 있는 사람인지 점검해보는 것입니다. 이를 통해 우리가 영적으로 잠들어 있는 모습들이 발견된다면, 그것들을 하나님 앞에 내려놓고 다시 새롭게 깨어날 수 있기를 원합니다.

다시 오실 예수님을 맞이하기 위해 깨어 있으라

먼저 마태복음 24장 37절에서 44절까지 보겠습니다.

37 노아의 때와 같이 인자의 임함도 그러하리라
38 홍수 전에 노아가 방주에 들어가던 날까지 사람들이 먹고 마시고 장가들고 시집가고 있으면서
39 홍수가 나서 그들을 다 멸하기까지 깨닫지 못하였으니 인자의 임함도 그러하리라
40 그 때에 두 사람이 밭에 있으매 한 사람은 데려가고 한 사람은 버려둠을 당할 것이요
41 두 여자가 맷돌질을 하고 있으매 한 사람은 데려가고 한 사람은 버려둠을 당할 것이니라
42 그러므로 깨어 있으라 어느 날에 너희 주가 임할는지 너희가 알지 못함이니라
43 너희도 아는 바니 만일 집 주인이 도둑이 어느 시각에 올 줄을 알았더라면 깨어 있어 그 집을 뚫지 못하게 하였으리라
44 이러므로 너희도 준비하고 있으라 생각하지 않은 때에 인자가 오리라

지금 예수님은 종말에 관한 이야기를 하시면서 깨어 있어야 된다고 말씀하고 계십니다. 그리고 깨어 있어야 하는 이유로 종말을 준비해야

되기 때문이라고 하십니다. 종말을 예비하지 못하는 자는 하나님이 노아 때에 임하시는 것처럼 정말 갑자기 임하셨을 때, 한 사람은 올라가고 한 사람은 남아있는다고 성경은 기록하고 있습니다. 제가 어릴 때 이런 찬양을 불렀습니다. "두 사람이 같이 밭을 갈다가, 두 사람이 같이 걷다가 한 사람은 가고 한사람은 남겠네. 예수님 맞을 준비 됐나." 이 찬양 부를 때 마다 천국은 50%만 가는 거라고 생각했습니다. 하지만 이후에 성경을 자세히 보니 그것은 두 사람 중에 한 사람만 간다는 것이 아니라, 준비된 자를 하나님이 데려가시겠다는 것임을 알게 되었습니다. 그래서 하나님을 믿고 신앙생활을 한다고 하지만 주님 맞을 준비가 되지 못한 사람은 남겨진다는 것입니다.

이처럼 성경은 우리가 이 땅에 남겨지지 않기 위해서 "깨어 있으라!" 라고 말씀하고 있습니다. 그래서 제가 이 성경구절을 통해 말씀드리고자 하는 것이 있습니다. 영적으로 깨어 있는 사람은 '예수님의 재림', '예수님의 종말' 을 준비하는 사람이라는 것입니다.

이 글을 읽고 있는 여러분에게 묻고 싶습니다. 하루하루를 사시면서 정말로 예수님의 다시 오심을 준비하고 계십니까? 스스로 이 질문에 진지하게 답해보십시오. 이것이 영적으로 깨어 있는 첫 번째 기준입니다. 나는 앞으로 오실 그 예수님을 맞이할 준비를 하고 살아가는 사람입니까? 만약 우리가 예수님을 기다리며 거룩한 신부로 준비되지 못하고 있다면, 우리는 영적으로 깨어 있어서 주님 맞을 준비를 제대로 하지 못하고 있는 것입니다.

한 구절을 더 보겠습니다. 마가복음 14장 38절입니다. 예수님이 제자들과 함께 겟세마네 동산에서 기도하시면서 곁에 있었던 야고보, 베드로, 요한에게 하신 말씀입니다.

38 시험에 들지 않게 깨어 있어 기도하라 마음에는 원이로되 육신이 약하도다 하시고

이 성경구절을 보면 예수님은 죽음을 앞두고 어떻게 하면 이 죽음을 하나님이 원하시는 대로 맞이할 수 있을까 라는 생각으로 하나님 앞에 기도하고 있었습니다. 그러나 예수님께 수많은 가르침을 받은 제자들은 예수님의 마음과 같지는 않았던 것 같습니다. 예수님은 땀방울이 핏방울이 되기까지 기도하고 있는데 제자들은 잠을 자고 있었기 때문입니다. 그 잠자고 있는 제자들에게 예수님께서 오셔서 '시험에 들지 않게 깨어 있으라.' 고 말씀하시는 것입니다.

제가 성경에서 '깨어 있다' 라는 대표적인 구절들을 찾아보면서 발견한 것이 하나 있습니다. 그것은 깨어 있다는 말 뒤에는 항상 조건이 붙어 있다는 것입니다. 다시 말해서, 이 말은 깨어 있는 자가 무엇을 해도 할 수 있다는 것입니다. 이것을 역으로 말하자면, 깨어 있지 못한 자는 하나님이 원하시는 일들을 온전히 행할 수 없다는 것입니다.

마가복음 14장 37절에 보니까 "시험에 들지 않게 깨어 있으라." 고 기록되어 있습니다. 여러분 중에 시험에 드신 분이 계실 수 있다고 생각합니다. 사실 시험이라는 것은 엄청난 것이 아닙니다. "하나님, 왜 내가 기도하는데 응답하지 않으시죠? 제가 주님께 상처 받았습니다."

이것도 시험에 든 것입니다. "하나님, 왜 우리 자녀들에 대한 기도를 응답하지 않으시죠? 나 정말 삐질 겁니다." 이것도 시험에 들었다는 증거일 수 있습니다.

여러분, 시험에 드는 이유가 무엇입니까? 성경을 근거로 풀어보면, 다른 어떤 외적 요인 보다는 내가 영적으로 깨어 있지 못했기 때문입니다. 영적으로 깨어 있는 사람은 시험에 들 수 없다는 것입니다. 왜냐하면 하나님과 친밀한 교제 속에 살아가기에 크게 요동치지 않을 수 있기 때문입니다.

기도에 감사함으로 깨어 있으라

제가 청년 집회를 갔던 교회에서 있었던 일입니다. 그 교회에 한 청년이 저에게 와서 교회 집사님들의 유행어가 하나 있다고 말했습니다. 그 유행어가 무엇인지 물어보자 이렇게 말했습니다. "나 상처받았어." 누가 조금만 강하게 얘기하면 자연스럽게 이 말을 한다는 것입니다. 이것은 무엇을 의미하는 것입니까? 시험에 들었다는 의미입니다. 그 말을 반복해서 하게 되면 정말로 그 집사님은 영적으로 잠들 수 있습니다. 그러므로 영적으로 보면 이러한 말은 아주 심각하고 위험한 내용입니다. 그 때 제가 그 이야기를 듣고 이러한 분위기를 이끌어가는 어둠의 세력을 결박시키고 그 집회를 마쳤던 경험이 있습니다.

혹시 쉽게 상처받고 낙심하는 분들이 계십니까? 그럴 때, 이러한 모습에 대해서 우리가 말씀을 근거로 생각해보는 것이 중요합니다. 성경에서 보듯이 우리가 정말 깨어 있다면, 시험에 들지 않게 될 것입니다. 그러므로 자신 안에서 낙담하고, 상처입고, 시험에 들고, 다른 사람들에게 서운하고, 불편한 감정들이 나타난다면, 내가 온전하게 깨어 있지 못하다는 것을 기억하고, 깨어나도록 힘써야 할 것입니다.

골로새서 4장 2절부터 6절 말씀을 한번 보도록 하겠습니다.

2 기도를 계속하고 기도에 감사함으로 깨어 있으라
3 또한 우리를 위하여 기도하되 하나님이 전도할 문을 우리에게 열어 주사 그리스도의 비밀을 말하게 하시기를 구하라 내가 이 일 때문에 매임을 당하였노라
4 그리하면 내가 마땅히 할 말로써 이 비밀을 나타내리라
5 외인에 대해서는 지혜로 행하여 세월을 아끼라
6 너희 말을 항상 은혜 가운데서 소금으로 맛을 냄과 같이 하라 그리하면 각 사람에게 마땅히 대답할 것을 알리라

바울은 골로새서를 통해서 기도를 항상 힘쓰고 기도에 감사함으로 깨어 있으라고 말하고 있습니다. 이 말을 다시 생각해보면, 영적으로 깨어 있지 않은 사람은 기도를 하지 못하고 있는 사람이라는 것입니다. "내가 예전에 무릎을 꿇으면 한 두 시간 기도는 기본이었고 주님의 임재하심을 누려서 눈물을 흘렸는데, 요즘은 성령께서 감동을 주셔도 기도를 하지 못합니다." 이 상태가 바로 영적으로 잠들어 있는 상태일

수 있습니다.

그리고 깨어 있는 사람은 늘 감사하며 살아가는 자입니다. 이처럼 매 순간 감사하며 살아가는 사람은 그저 보고만 있어도 행복해 지곤 합니다. 그런데 깨어 있지 못한 사람은 하나님 앞에 민감하지 못하기 때문에 감사하는 삶을 놓치게 됩니다.

여러분, 이러한 성경 말씀을 기준으로 내가 영적으로 얼마나 깨어 있는 사람인가를 생각해보시기 바랍니다. 하나님 앞에 지속적으로 기도하기를 힘쓰고 있습니까? 매 순간 감사하는 삶을 살기 위해 노력하고 있습니까? 만일 그렇지 못한다면 영적으로 잠들어 가고 있다는 증거일 수 있습니다.

근신하며 깨어 있으라

베드로전서 5장 8절부터 9절 말씀을 보겠습니다.

> 8 근신하라 깨어라 너희 대적 마귀가 우는 사자와 같이 두루 다니며 삼킬 자를 찾나니
> 9 너희는 믿음을 굳건하게 하여 그를 대적하라 이는 세상에 있는 너희 형제들도 동일한 고난을 당하는 줄을 앎이라

'근신'이라는 말은 '삼가 조심하다'라는 뜻을 가지고 있습니다. 즉, 무슨 일을 할 때에 이 일이 하나님께 영광이 되는 일인가 아니면 사람

에게 영광이 되는가를 분별하여 조심스럽게 행하라는 것이 '근신하라' 라는 말의 뜻입니다. 이렇게 볼 때, '근신하라' 와 '깨어 있다' 라는 말은 서로 같은 의미를 담고 있습니다. 그 이유는 내가 하는 이 일이 하나님 앞에 영광이 되는 일인지 아니면 사람의 영광이 되는 일인지 우리가 생각하고 그 일을 행한다는 것은 영적으로 민감하다는 증거이자 깨어 있다는 증거이기 때문입니다.

그렇다면 근신하여 깨어 있으라고 강조하여 말하고 있는 이유는 무엇입니까? 성경은 마귀가 우는 사자처럼 삼킬 자를 찾기 때문이라고 말하고 있습니다. 그리고 베드로 사도는 믿음을 굳건하게 하여 그를 대적하라고 이야기합니다. 이처럼 영적으로 깨어 있는 사람은 마귀를 대적하는 사람입니다. 그러므로 마귀가 영적으로 공격을 하는데 공격을 할 때마다 넘어지거나, 이기지 못하는 사람은 영적으로 무뎌져 있거나, 영적으로 잠들어 있는 사람일 수 있습니다. 혹시 영적인 눈을 뜨고, 영적인 민감함을 가지고 마귀가 다가 올 때마다 그것이 영적인 공격이라는 것을 알고 마귀를 대적하고 물리치려고 노력하고 있습니까? 만약에 여러분의 삶 속에서 그러한 태도가 결여되어 있다면 영적으로 잠들어 있는 사람일 수 있다는 것을 기억하셔야 합니다.

믿음에 굳게 서서 강건하라

마지막 한 구절 고린도전서 16장 13절을 보겠습니다.

13 깨어 믿음에 굳게 서서 남자답게 강건하라

바울은 고린도 교회를 향해서 "깨어서 믿음에 굳게 서고 강건하라." 라고 이야기하고 있습니다. 이 말은 깨어 있는 사람은 믿음에 굳게 서 있는 사람이고, 강건할 수 있는 사람이라는 것입니다. 이것을 역으로 풀어본다면, 믿음에 굳게 서있지 못하고 강건하지 못한 사람은 영적으로 깨어 있지 못한 사람일 수 있습니다. 자신이 교회에 다닌 지 몇 년밖에 되지 않았기 때문에 믿음이 약하다고 합리화하지 않으시길 바랍니다. 어제 예수를 믿었다고 할지라도 자신이 영적으로 깨어서 하나님이 원하시는 일을 행하기를 결단한다면, 믿음에 굳게 서서 강건한 사람이 될 수 있습니다. 요한1서 3장 9절을 보면, "하나님으로부터 난 자마다 죄를 짓지 아니하나니 이는 하나님의 씨가 그의 속에 거함이요 그도 범죄하지 못하는 것은 하나님께로부터 났음이라."라고 기록되어 있습니다. 결국, 믿음 안에서 굳건하게 서 있는 자는 하나님의 보호하심을 받고 강건하게 살아갈 수 있지만, 영적으로 깨어 있지 못하면 언제든지 믿음을 놓쳐버리고 연약하여 흔들리는 삶을 살 수 있다는 것입니다.

지금까지 성경의 구절들을 살펴보면서 영적으로 깨어 있는 기준에 대해서 알아보았습니다. 이것을 통해서 조금 더 깊게 자신의 영적인 상태를 진단했으면 좋겠습니다. 내가 초대교회처럼 "아멘, 마라나타! 주 예수여, 속히 오시옵소서!" 라는 기대감을 갖고 예수님의 재림을 날마다 예비하면서 살아가는지 살펴보아야 합니다. 만약 그렇지 못하다면 영적으로 깊은 잠에 빠져있는 사람일 수 있다는 것입니다.

그리고 시험이 다가올 때마다 늘 시험에 들어서 넘어지는 사람인지, 지금도 시험에 든 상태에서 주님 앞에 나와 있지 않는지 살펴보아야 합니다. 만약에 그렇다고 한다면 나는 영적으로 깨어나야 할 사람입니다. 그리고 내가 기도하지 못하고 처해진 환경에 감사하지 못한다고 한다면, 영적으로 잠들어 있는 사람일 수 있습니다. 또한 내가 근신하지 못하고 나를 향해 다가오는 마귀를 대적하지 못한다고 한다면, 영적으로 잠들어 있는 사람일 수 있다는 것을 잊지 말아야 합니다.

이와 같이 성경은 지속적으로 영적으로 깨어 있는 자는 어떠한 사람인지 우리에게 가르쳐 주고 있습니다. 이러한 말씀에 비춰볼 때, 우리는 구원받은 성도라고 스스로 자부했지만, 우리 자신의 영적인 상태에 대해서 얼마나 진지하게 생각하고 진단을 해왔는지에 대해서는 의문이 듭니다. 분명한 점은 하나님께서 영적으로 잠들어 세상 사람들과 별반 다르지 않게 살아가는 당신의 자녀들을 보시며 아파하신다는 사실입니다. 그들을 보시며 온전히 회복되기를 원하시는 분이 하나님이십니다.

진정한 회복은 우리의 육체적인 건강이 아니라 영적인 잠에서 깨어나는 것에서부터 시작합니다. 만약 내가 영적으로 잠들어 있는 사람이라고 생각된다면, 하나님 앞에 나아가 온전히 깨어나길 원한다고 기도해야 할 것입니다.

성전을 통한 이 땅의 회복의 약속

이제 본문의 내용으로 들어가도록 하겠습니다. 솔로몬이 다윗 왕때부터 시작된 성전 건축을 완성하고 하나님 앞에 있는 성전을 봉헌해드리면서 정성껏 드린 예물을 받아 달라고 예배를 드렸습니다. 그 때, 하나님께서 그 기도를 들으시고 응답하시는 내용이 바로 역대하 7장 12절에서 14절까지의 말씀입니다.

이스라엘 백성들에게 하나님의 임재의 상징으로 성전을 짓고 봉헌한다고 하는 것이 얼마나 큰일이었습니까? 다윗 왕부터 시작해서 솔로몬 왕 때가 되어서야 이제 그 성전을 완공해서 하나님 앞에 봉헌해 올리는데 하나님도 기쁘시지 않겠습니까? 그러면 성전을 받으시고 고맙다고 그곳에 임재 하겠다고 말씀해 주셔야 옳지 않겠습니까? 그런데 하나님은 정성을 다한 예배를 받으시고, 그 성전을 보시며 부흥을 약속해 주셨습니다. 어떻게 보면 동문서답과 같은 하나님의 응답입니다. 우리가 정성스럽게 성전을 지어서 하나님께 올려드린다고 할 때에, 하나님께서는 그 성전을 받으시고 고마워하시면서 축복을 해 주시면 좋겠는데, 하나님은 그것에 대한 응답으로 이 땅을 고쳐주겠다고 말씀하셨습니다.

왜 그러셨을까요? 예수님은 성전이 성전다운 역할을 온전하게 감당하지 못하는 모습을 보고 눈물을 흘리신 적이 있습니다. 그렇다면 성전은 어떤 기능을 감당해야 합니까? 성전은 하나님께 예배를 드리고, 기도를 드리는 장소로서 기능을 감당합니다. 그런데 더 궁극적인 성전의 기능이 있습니다. 그것은 바로 죄의 용서입니다. 성전은 하나님이 임재하시는 장소였습니다. 하나님이 임재 하셔서 하는 일은 우리의 죄를 용서해 주시는 것입니다. 왜냐하면 죄 있는 자는 하나님을 만날 수도 없고, 기도를 하여도 주님의 응답을 경험할 수 없기 때문입니다. 죄인은 하나님과 깊은 교제를 나눌 수 없습니다. 그래서 하나님께서는 화려한 성전건축에 대한 백성들의 노력을 알아주시는 것보다 성전의 기능을 가르쳐 주고 계십니다. 그것은 바로 성전에서 죄를 용서받고 이 땅이 변화되는 일입니다. 이것이 하나님께 예배드리는 장소인 성전이 해야 하는 가장 중요한 일이었습니다.

본문에서 보면 하나님께서 이스라엘을 향한 약속 중에서 '그들의 땅을 고칠지라' 라는 말씀이 있습니다. 성경에서 말하는 '땅'이라는 것은 3가지의 의미가 있습니다. 첫 번째는 우리가 흔히 이야기하는 '흙'이라는 의미를 내포합니다. 두 번째는 '세상의 원리와 가치관'을 뜻하기도 합니다. 세 번째는 '이 땅에 있는 사람들'을 가리키는 의미로 사용되기도 합니다. 그러면 이 본문에서 말하는 고쳐주실 이 땅은 무엇을 의미합니까? 바로 세 번째, 사람을 의미합니다.

여러분, 성전이 궁극적으로 할 수 있는 일은 이 땅에 있는 사람들을 고쳐주는 것입니다. 성전은 건물과 모형이 아닙니다. 성전에 와서 자기 자신이 변화되지 못하고 하나님의 사람으로 온전하게 세워지지 못한다고 한다면, 아무리 건물이 웅장하고 화려한들 그것이 무슨 소용이 있겠습니까? 하나님께서는 솔로몬의 성전을 받으시고 역대하 7장 12절부터 14절까지 솔로몬에게 나타나셔서 약속해 주신 것은 바로 이 땅을 고치겠다는 것입니다. 그런데 본문을 보면 이 땅을 고쳐주시겠다고 약속해 주시기 전에, "내가 하늘을 닫고 비를 내리지 아니하거나 혹 메뚜기들에게 토산을 먹게 하거나 혹 전염병이 내 백성 가운데에 유행하게 할 때에" 라고 말씀하고 계십니다. 이러한 하나님의 조건들이 이뤄질 때, 이 땅을 고쳐주겠다고 말씀하시는 것입니다. 여기에서 이 세 가지 상황은 공통점이 있습니다.

인간이 해결할 수 없는 극한 상황

그것은 바로 인간이 해결할 수 없는 극한 상황이라는 것입니다. 그 당시는 고대 근동사회였습니다. 고대 근동사회에서 가장 중요한 것은 농업입니다. 어느 나라가 가장 농업을 잘 짓느냐에 따라 문명이 발전되고, 강대국으로 성장하기도 하였습니다. 그렇기 때문에 비가 오지 않고, 갑자기 메뚜기들이 와서 곡식들을 다 먹어버리고, 인간이 할 수 없는 전염병이 돌아서 사람들을 쓰러뜨리는 일은 그 나라에 엄청난 파장이 있는 것입니다. 그러한 상황 속에서 하나님께서 당신의 백성들에게 말씀하시는 것이 이때가 바로 너희들이 변화되어야 될 때라는 것입니다. 하나님은 무조건 이 땅을 고쳐주시겠다고 하지 않고, 이 땅을 고쳐야 될 징조를 말씀하신 것입니다. 그것이 방금 말한 세 가지의 상황입니다.

"혹 내가 하늘을 닫고 비를 내리지 아니하거나 혹 메뚜기들에게 토산을 먹게 하거나 혹 전염병이 내 백성 가운데에 유행하게 할 때에" 다시 말해서, 이 징조들은 '내가 판단할 수 없고, 해결할 수 없는 천재지변의 사건들이 내 주변에 일어날 때에' 라는 뜻입니다. 이것을 개인적으로 적용하자면, 내 힘으로 감당할 수 없는 한계의 상황이 내 삶 속에 경험되어질 때, 그 때가 바로 하나님이 우리들을 고쳐주시기를 원하는 때라는 것입니다.

이것을 더 자세히 살펴보면 다음과 같습니다. 하늘에서 비가 내리지 않습니다. 비가 내리지 않으면 식수도 없습니다. 그러한 상황을 겪으면서 백성들이 하나님께로 돌이킬 수 있도록 첫 번째로 싸인을 주시는 것입니다. 애굽을 심판하실 때에도 하나님께서 이스라엘 백성들을 출애굽 시키실 때 처음부터 애굽의 장자들을 죽이지 않으셨습니다. 피, 개구리, 이, 파리, 악질, 독종, 우박, 메뚜기, 흑암, 장자의 죽음의 순서로 재앙을 내리셨습니다. 이것은 애굽 사람이라고 할지라도 하나님이 참된 신이심을 믿고 하나님께로 돌아올 수 있는 기회와 시간을 주신 것입니다. 믿는 사람들에게도 마찬가지입니다. 하나님의 말씀을 의지하지 않고, 기도하지 않으며, 하나님을 떠나 있다고 해서 하나님께서 우리에게 갑자기 많은 고난을 허락하지 않으십니다. 그러므로 하나님께서 우리에게 주시는 영적인 신호를 잘 분별하는 것이 필요합니다.

본문에서 볼 때도 첫 번째로 인간에게 다가오는 한계는 물이 없어 고통 가운데 있는 것, 즉 육체적인 괴로움이라 볼 수 있습니다. 두 번째는 메뚜기가 와서 모든 곡식을 다 먹어버림으로 내 재산의 모든 것을 잃어버리는 삶의 절망입니다. 마지막 세 번째는 역병으로 사람들이 죽어가는 것으로 생명을 잃어버리는 것입니다. 이처럼 우리의 삶 가운데 나타나고 있는 여러 가지 어려움들은 성경의 원리에 따라서 해석할 수 있어야 합니다. 그래서 하나님의 뜻대로 돌이킬 수 있는 것이 신앙생활을 하는데 있어서 너무나 중요한 것입니다.

다시 말해서, 이 세 가지 상황은 인간의 힘으로 해결할 수 없는 문제들이 발견될 때를 말합니다. 그런데 하나님께서 이러한 상황들을 한꺼번에 허락하지 않으시고, 가장 먼저 나에게 육체적인 어려움을 주시는 것입니다. 그래서 이 괴로움 가운데서 깨닫고 영적으로 깨어나야 하는 것입니다. 그런데 이 상황에서 돌이키지 않으면 재산까지 잃게 되고, 생명도 거두어 가신다는 것입니다. 그런데 하나님은 왜 당신의 백성들에게 이러한 어려움들을 허락하시고 또 앞으로 일어날 것을 미리 말씀해 주셨을까요? 그것은 바로 당신의 자녀들이 이 세상을 살아가면서 영적으로 깨어 있지 못할 때, 이러한 한계 상황들이 닥쳐올 수 있으니 그때는 반드시 돌이켜야 살 수 있다 라는 것을 미리 알려주시기 위함입니다. 결국 이러한 한계 상황 속에서, 하나님의 백성들이 해야 할 일이 있고, 그러한 조건들이 성취되면 하나님께서 이 땅을 고치시겠다는 것입니다. 이것은 오늘을 살아가는 우리에게도 동일하게 적용되는 영적인 원리입니다.

회개, 영적인 깨어남

이것이 바로 부흥의 전조입니다. 부흥이 일어날 때마다 항상 그 시대는 죄로 인해 패역한 시대였습니다. 그렇기 때문에 이 땅이 어려워져만 가고, 죄로 가득해져 가는 것을 영적으로 분별해 본다면, 이것은 하나님께서 이 땅에 부흥을 주실 수 있는 때가 되었다는 것을 의미하기도 합니다. 인간적인 한계가 개인에게, 가정과 사업에, 민족에게 얼마나 많이 찾아옵니까? 그런데 바로 그 때마다, 영적으로 깨어날 시간이라는 것입니다. 그 때가 바로 부흥을 경험할 때라는 것입니다.

그런데 하나님은 이러한 때에 그 문제를 해결할 수 있는 주체가 있다고 말씀하십니다. 바로 '내 이름으로 일컫는 내 백성'이라 하십니다. 이것은 하나님의 이름으로 모인 사람, 즉 그리스도인, 하나님의 백성, 하나님의 자녀라고 불리는 모든 무리들을 지칭하는 것입니다. 여러분은 이 땅이 거룩한 땅이 되기를 원하십니까? 북한의 위협 속에 있는 이 나라와 이 땅을 바라보면서 어떤 생각을 하고 계십니까? 여러분들의 개인적인 삶은 어떻습니까? 평안하고 일들이 잘 되어 가십니까? 이런 질문을 할 때마다 사람들은 세상에 소망이 없다고 말합니다. 그런데 바로 그 때가 하나님의 부흥을 경험할 때라는 것입니다. 성경은 분명히 말하고 있습니다. 하늘의 문이 닫혀 비가 내리지 않고, 메뚜기 떼가 와서 곡식을 다 먹어 치우고, 역병으로 사람들이 죽어나갈 때에 그 문제를 해결할 수 있는 주체가 있는데 그것은 바로 세상의 어떤 지도자나 권력가도 아니고, '하나님의 이름 아래 모인 백성들'이라는 것입니다. 그래서 하나님은 위기에 처해 고통당하고 있는 이 땅을 보시며 당신의 자녀들을 찾고 계시는 것입니다.

여러분, 이 나라와 이 민족을 위해 얼마나 많이 기도하셨습니까? 얼마나 많이 우셨습니까? 여러 정치상황을 탓하고, 외교적으로나 좋지 않은 경제 상황을 보고 불평하기 전에 얼마나 이 땅을 보고 울었냐는 것입니다. 본문을 보면 그 회개를 할 수 있는 주체가 바로 하나님의 백성, 그리스도인이라는 것입니다. 힘이 없고 연약한 존재지만 우리에게 해결할 능력이 있습니다. 그것은 하나님의 백성으로 불릴 수 있고, 그분과 교제를 할 수 있는 예수 그리스도의 이름이 있기 때문입니다. 그 안에 우리들이 있기 때문에 세상의 어떤 것보다도 위대하고 강한 능력을 가지고 있으며, 하나님은 우리 그리스도인들을 통해 이 땅을 회복하길 원하시는 것입니다.

이제 이 민족에 있는 모든 문제들을 해결할 수 있는 열쇠가 나에게 있다는 것을 아셔야 합니다. '나의 문제, 가정의 문제, 교회의 문제, 국가의 문제, 민족의 문제, 이 모든 문제를 해결할 수 있는 열쇠는 나에게 있다.' 라고 선포하셔야 합니다. 하나님은 예수 그리스도를 믿는 자들을 내 이름으로 모인 내 백성이라고 말씀하셨습니다. 그러므로 이스라엘 백성들에게 약속하신 하나님의 말씀은 오늘을 살아가는 우리에게도 동일하게 주시는 말씀입니다.

그 악한 길에서 떠나

하나님께서는 우리 믿는 자들을 통해 이 땅을 회복하길 원하십니다. 그래서 우리에게 요구하시는 모습들이 있습니다. "내 이름으로 일컫는 내 백성이 그들의 악한 길에서 떠나 스스로 낮추고 기도하여 내 얼굴을 찾으면 내가 하늘에서 듣고 그들의 죄를 사하고 그들의 땅을 고칠지라." 하나님은 우리들을 이 땅을 회복하는 '열쇠'로 생각하십니다. 집에 갔는데 열쇠가 없으면 문을 열 수도 없고 집안에 들어갈 수도 없습니다. 이와 같이 이 땅을 회복하기 위해서 하나님은 우리들을 '회복의 열쇠'로 만들고 계십니다. 그런데 이 땅의 회복을 열 수 있는 열쇠가 되기 위한 조건이 있습니다. 첫 번째로 그 악한 길에서 떠나라고 말씀하고 계십니다. 하나님은 당신의 백성들을 깨우치는 일을 하셨습니다. 그 깨우치는 방법이 바로 '회개'였습니다. 잠자고 있는 자들이 회개하지 않고 영적으로 깨어날 수 있는 방법은 없기 때문입니다.

잘 살고 있는 나라에 갑자기 하늘 문이 막히고 비가 내리지 않으며, 농작물이 잘 자라는 나라에 메뚜기 떼가 와서 농작물을 다 먹어버리고, 평화로웠던 나라에 전염병이 돌아서 사람들이 죽어가는 것은 하나님과의 관계에 문제가 없는지를 살펴보아야 해결할 수 있는 것입니다. 이러한 상황 속에서 백성들은 자신들이 하나님 앞에서 온전하지 못했다는 것을 깨닫게 되었고, 영적으로 잠들어 있다는 것을 발견할 수 있었습니다. 이제 이 땅의 문제의 해결이 하나님의 백성에게 있듯이, 이 땅의 문제도 하나님의 백성들에게서 비롯되었다는 것을 인식하게 된 것입니다.

　예수를 믿는 모든 사람들에게 일어나는 모든 문제는 하나님의 섭리이며 우연이 아닙니다. 그러므로 왜 이런 일이 일어나는지 생각해 보아야 하고 하나님께 물어봐야 합니다. 그럴 때, 하나님께서 징조로 보여주시는 것이 있는데 그것들을 계기로 우리는 우리의 영적인 위기와 잠에서 벗어나야 합니다. 이처럼 하나님의 백성들에게 이러한 징조들이 있을 때, 하나님께서 당신의 백성들에게 제일 먼저 원하시는 것이 바로 그 악한 길에서 떠나라는 것입니다. 이것이 바로 '회개'입니다. 악한 길에서 돌이키는 것, 내가 가던 길에서 돌이키는 것이 회개입니다.

　회개는 히브리어로 해석하면 '내가 가는 길에서 180도 돌이키는 것'을 의미합니다. 이것이 회개입니다. 진정한 회개는 잘못된 모든 것을 고백하는 동시에 그 모든 것들을 내려놓고 180도로 돌이키는 것입니다. 그래서 하나님께서 당신의 백성들에게 명령하신 것이 '악한 길에서 떠나라'는 것입니다. '너희들이 영적으로 무뎌져 있고 잠들어 있기 때문에 너희에게 비를 내리지 않아도 알지 못했고, 메뚜기 떼를 보내서 모든 농작물을 다 먹게 해도 너희들이 깨닫지 못했으며, 전염병으로 죽어 가는데도 깨닫지 못했다. 하지만 그런 무지한 너희들에게 나는 이미 오래전에 가르쳐 주었다.'라는 주님의 음성 앞에 회개하는 것이 필요합니다.

　이스라엘의 역사를 볼 때, 세례 요한이 등장할 때까지 구약 400년 동안 하나님의 계시가 없었습니다. 이 시기를 이스라엘 백성들의 영적인 암흑기라고 할 수 있습니다. 한마디로 영적인 잠을 깊게 잔 것입니다. 그렇다고 이스라엘 백성들이 아무것도 안 한 것이 아닙니다. 바리새파와 열심당원들, 사두개파는 나름대로 하나님의 뜻을 찾기 위해 노력을 했습니다. 그러나 하나님의 임재와 계시가 없었습니다. 그렇게 하는 것이 하나님을 만날 수 있는 것도 아니며 영적으로 깨어나는 방법이 아니었기 때문입니다. 금식을 하고 기도를 열심히 한다고 해서 하나님께로 돌이키는 것이 아닙니다. 실제로 바리새파처럼 금식을 철저하게 하는 사람들이 없었습니다. 그들처럼 지속적으로 하나님 앞에 기도했던 사람들도 없었습니다. 그런데 하나님께서는 그들의 영적인 잠을 깨우지 않으셨습니다. 금식과 기도의 행위가 잘못된 것은 아닙니다. 본질은 알지 못하고 형식에만 열심을 내는 것이 잘못되었다는 것입니다. 왜냐하면 본질이 빠진 형식적인 종교 행위로는 하나님을 만날 수도 없으며 영적으로 살아날 수도 없었기 때문입니다.

그렇게 400년이 지난 뒤에, 세례 요한이 나타났습니다. 하나님은 세례 요한을 통해서 영적으로 잠들어 있는 이스라엘을 향해서 외치게 하셨습니다. "회개하라, 천국이 가까이 왔느니라." 그의 메시지는 폭발적인 능력이 있었습니다. 왜냐하면 그의 선포가 하나님이 원하시는 메시지이기도 했지만, 세례 요한은 그 메시지를 전하기 위해서 세상과 분리되어 빈들에서 하나님의 말씀으로 훈련되어 왔기 때문입니다.

그렇다면, 이스라엘이 400년 동안 영적으로 잠들어 있는 결과가 어떻게 나타나고 있습니까? 이스라엘이 로마의 속박에 있게 됩니다. 이것을 성경의 말씀처럼 하늘에서 비가 내리지 않는 것과 같고, 역병으로 사람들이 쓰러져 가고 있는 것과 같은 상황이라 볼 수 있습니다. 그 때, 세례 요한이 나타나서 영적으로 무뎌져 있는 사람들에게 "회개하라, 천국이 가까이 왔느니라."라고 외친 것입니다. 이것은 백성들에게 스스로 악한 길에서 떠나야 한다는 말과 같습니다. 그 악한 길에서 떠나지 않고는 영적인 잠에서 깰 수가 없다는 것입니다. 그러므로 우리가 아무리 기도해도, 어떤 노력을 기울여도 우리에게 깊이 박힌 죄를 하나님 앞에 철저히 회개하지 않고는 온전하게 깨어날 수가 없습니다.

앞에서 우리는 영적으로 깨어 있는지에 대한 성경적인 기준을 살펴보았습니다. 그것을 보면서 자신의 영적인 상태를 깨닫게 되셨으리라 생각합니다. 그리고 하나님께서 우리에게 '잠자고 있는 영역에서 깨어나야 한다!' 라고 분명히 말씀을 하셨을 것입니다. 이제 우리에게 필요한 것은 그 악한 길에서 떠나 하나님께로 온전히 돌이키는 회개입니다.

그런데 하나님께서는 우리가 회개할 때 특별히 그 악한 길에서 떠나라고 말씀하십니다. 왜 그 악한 길로 표현을 한 것일까요? 문법으로 보면 정관사가 사용되어 '그 악한 길' 인데 그 길이 너도 알고 나도 아는 객관적인 사실일 때, 정관사(the)가 붙습니다. 그렇다면 여기서 그 악한 길에서 떠나라는 의미는 내가 알고 있는 악한 길에서 떠나라는 의미입니다. 악한 길은 추상적인 것이 아닙니다. 구체적으로 내가 알고 있는 그 악한 길에서 떠나라는 것입니다. 이것은 우리가 예수를 믿으면서도 하나님께서 원하지 않는 일들을 알면서도 행할 수 있다는 것을 말해줍니다. 여러분, 하나님께서 기뻐하지 않으신다는 것을 알면서도 계속해서 행동하고 있지 않습니까? 지금 하나님께서 그곳에서 떠나라고 말씀하십니다. 진리의 성령께서 악한 길의 기준과 범위를 생각나게 하실 때, 우리가 그 악한 길에서 떠나는 모습이 있어야 합니다.

그러므로 하나님께서 떠오르게 하신 그 악한 길이 있다면, 그 길에서 철저하게 돌이켜야 합니다. 그 때 성령님이 임재하실 수 있습니다. 더 이상 회개하라는 말을 광범위하고 추상적으로 것으로 받아들이지 않아야 합니다. 하나님은 우리들의 상황과 모습을 알고 계십니다. 그렇기 때문에 '그 악한 길에서 떠나'라는 말씀이 들려올 때 순종하는 것이 우리에게는 너무나 중요합니다.

스스로 낮추고

두 번째로 악한 길에서 떠나고 스스로 겸비하라고 하십니다. '겸비'라는 말은 '스스로 낮아진다'는 뜻입니다. 왜 낮아져야 하는 것입니까? 인간은 악한 길에서 떠났다고 말해도 겸손하지 못하고 교만해 질 수 있습니다. 정말로 그 길에서 떠난 사람은 낮아진 사람입니다. 한 없이 울고 울면서 낮아진 사람이 하나님이 사용하실 수 있는 사람입니다.

그런데 스스로 낮아진다는 것이 참으로 어려운 것 같습니다. 사실 우리가 다른 사람의 공격을 받거나 여러 가지 문제가 일어나 낙심해서 낮아질 수 있습니다. 그러나 성경은 그러한 환경 때문에 무너지는 것이 아니라 자기 스스로 낮춰야 한다는 것입니다.

어떻게 하면 스스로 낮아질 수 있을까요? 그것은 하나님이 바라보시는 관점으로 나의 모습을 바라봐야 가능합니다. 다른 사람의 기준으로 나를 바라보면 내가 높아질 수 있는 조건들이 생기기도 합니다. 절대 낮아질 수 없습니다. 그래서 우리가 온전히 낮아질 수 있는 딱 한 가지 방법이 있는데 그것이 바로 하나님이 바라보시는 관점에서 나의 모습을 바라보는 것입니다.

내가 아무리 많은 꼬리표를 달고 다녀도 하나님이 나를 보실 때에 본질적인 모습은 죄인일 뿐입니다. 언젠가 하나님 앞에 일대일로 대면해서 서게 될 날이 있지 않습니까? 그 때 내가 얼마나 당당하고 떳떳한 모습으로 하나님 앞에 설 수 있겠습니까? 떳떳한 모습으로 살았더라고 해도 하나님 앞에 섰을 때는 한 없이 작아지는 것이 피조물인 인간입니다. 그러므로 항상 하나님의 관점으로 나를 바라보고, 하나님 앞에서 행하는 삶을 살아갈 때, 우리는 스스로 겸비할 수 있게 되는 것입니다.

하나님께 기도하여

세 번째, 낮아진 다음에 '하나님 앞에서 기도하라'고 말씀하고 있습니다. 이 기도라고 하는 것은 하나님과의 교제이고, 하나님과의 대화입니다. 이제까지 그 교제와 임재가 단절되어 한계의 상황까지 오게 되었지만 다시금 하나님과의 대화, 교제가 회복되면 살아날 수 있습니다. 이를 위해서 필요한 조건이 있는데 그것이 바로 앞에서 말한 두 가지, 즉 '그 악한 길에서 떠나고', '스스로 겸비하여 낮아지라'는 것입니다. 그리고 나서 이제 해야 할 일은 하나님 앞에 구하는 것, 기도라는 것입니다.

기도하는 사람은 겸손한 사람입니다. 그러나 교만한 사람은 기도하지 않습니다. 왜냐하면 하나님의 도우심 없이도 살아갈 수 있다고 생각하기 때문입니다. 그래서 기도한다는 것은 내가 내 힘으로 할 수 없기에 하나님 앞에 무릎을 꿇는 것이며, 그분의 도우심을 구하는 것을 의미합니다. 이처럼 하나님께 온전히 드리는 기도는 내가 먼저 잘못된 길에서 돌이켜 회개하고 겸손하게 낮아져야 가능한 것입니다. 그래야 그분께 간절히 부르짖고, 도우심을 구하며 주님의 임재 속에서 진정한 교제를 경험할 수 있기 때문입니다. 그렇다면 이제 하나님께로 돌이킨 자들이 겸비하여 어떤 기도를 드려야 할까요?

하나님의 얼굴을 구해야

네 번째로 '하나님의 얼굴을 구해야' 합니다. 구약시대에 하나님의 얼굴을 구한다고 하는 것은 하나님의 임재를 의미합니다. 그래서 기도는 하나님의 임재가 있을 때까지 기도해야 한다는 것입니다. 기도하면서도 하나님의 음성이 들리지 않는 것 같고, 하나님의 임재가 없는 것 같고, 그 분께서 만져주시지 않는 것 같이 느껴지면 문제가 있는 것입니다.

성경은 그 악한 길에서 떠나고, 스스로 낮아지며 기도할 때, 하나님의 얼굴을 구하면 하나님이 임재하시고 만나 주시겠다고 말씀하고 있습니다. 이것이 하나님께서 성전을 받으시고 솔로몬에게 말씀하신 하나님의 약속입니다. 그러므로 하나님께 기도하는 자들은 하나님께서 임재하실 때까지 기도하는 모습이 필요합니다. 왜냐하면 기도는 하나님과의 만남 속에서 말씀으로 응답되기 때문입니다. 이와 같이 회개하고 겸비하여 하나님을 향한 지속적인 기도가 있을 때, 하나님은 우리의 기도를 들으시고, 죄를 사하시며, 이 땅을 고쳐주십니다.

그런데 우리는 이러한 주님의 응답을 아무렇지 않게 생각하거나 별 기대조차 갖지 않는 것 같습니다. 그래서 우리는 이러한 말씀 앞에서도 더욱 기도하고자 하는 마음을 갖지 못할 때가 많습니다. 그렇지만 한번 생각해 보십시오. 우리처럼 연약하고 죄 많은 자들이 감히 하나님 앞에 기도하는데, 천지를 지으신 하나님께서 나의 기도를 들어주시고 이 땅을 회복하신다는 것만큼 큰 영광과 축복이 어디 있겠습니까? 이렇게 영광된 자리, 그 기도의 자리로 우리를 부르시는 주님의 음성에 순종할 수 있기를 원합니다.

죄 사함과 이 땅의 회복

이제 마지막으로 이 본문을 통해서 하나님께서 당신의 백성들에게 궁극적으로 말씀하시기 원하는 것과 반드시 성취하시고자 하는 것을 살펴보고자 합니다. 그것은 바로 죄 사함입니다. 인간의 모든 문제와 고통들은 죄로부터 왔습니다. 그 죄 때문에 인간에게 미움, 시기, 질투, 다툼, 상처, 해산하는 고통과 노동의 수고 등이 온 것입니다. 이러한 문제들로 인해 인간의 모든 어려움이 시작된 것입니다. 그러므로 인간에게 가장 큰 축복은 죄 사함의 축복입니다. 죄 사함을 통하여 죄의 열매들을 떨쳐낼 뿐만 아니라 하나님과의 관계를 회복할 수 있기 때문입니다.

여러분, 혹시 영적으로 눈이 가려져 있고, 깊은 잠에 빠져 있지 않습니까? 이러한 당신의 백성들을 위해서 하나님께서 행하시고자 하는 세 가지가 있습니다. 첫 번째, 우리의 기도를 하늘에서 듣고, 두 번째, 우리 죄를 용서해 주시고, 세 번째, 이 땅을 고쳐주시겠다고 말씀하시는 것입니다. 그러나 이를 위해서 주님의 이름으로 일컫는 그리스도인들이 반드시 행해야 하는 것이 있습니다. 바로 그 악한 길에서 떠나는 것입니다. 그것이 이 땅이 고쳐질 수 있는 방법입니다. 우리가 회개함으로 말미암아 하나님 앞에서 잠들어 있던 영이 깨어나고, 우리 죄가 용서를 받으면, 우리를 통해서 이 땅을 고쳐주시겠다는 것입니다.

하나님의 방법은 항상 사람을 통해서 일을 하시는 것입니다. 그래서 제가 우리 믿는 자들을 이 땅을 향한 열쇠라고 말씀드린 것입니다. 그렇기 때문에 하나님은 지금도 우리에게 묻고 계십니다. 이 땅의 모든 천재지변들, 우리가 해결할 수 없는 한계적인 문제들 앞에서 당신의 이름으로 일컫는 백성들이 왜 주저하고 있냐고 말입니다. 이제라도 우리가 먼저 회개하고 영적으로 깨어나고 회복되어야 우리들을 통해서 이 땅을 바꿔갈 수 있습니다. 다시 말해서, 우리가 회개하고 영적으로 깨어나 회복될 때, 이 땅을 고칠 수 있는 하나님의 통로요, 회복의 주체가 된다는 것입니다.

하나님은 이 글을 읽고 있는 여러분들을 통해서 이 땅이 바뀌어 가길 원하십니다. 우리들을 통해서 대한민국이 변화되기를 원하고, 이 땅 가운데 영적인 부흥이 일어나기를 원하십니다. 여러분, 정말로 부흥을 원하십니까? 그렇다면 내가 먼저 영적인 잠에서 깨어나야 합니다. 그동안 영적으로 잠자고 있었기 때문에 주님의 재림을 준비하지 못했고, 마귀를 대적하지 못했고, 감사하지 못했고, 기도에 힘쓰고 근신하지 못한 것입니다. 그러나 이제 우리는 다시금 결단하며, 주님 앞에 철저히 회개함으로 영적으로 깨어날 수 있습니다. 그렇게 주님께서 원하시는 일꾼으로 이 땅 가운데 하나님의 역사를 이뤄가길 소망합니다.

마태복음5:4

애통하는 자는 복이 있나니 그들이 위로를 받을 것임이요

하나님께서는 우리들이 영적으로 무지한 잠에서 깨어나기를 원하십니다. 지금은 자신이 영적으로 깨어 있다고 생각했지만 성경의 여러 잣대를 가지고 비춰보니 아직도 영적인 잠에 취해 있었는지도 모릅니다. 그래서 하나님은 당신의 자녀들이 하루 빨리 영적으로 깨어나길 원하십니다.

영적으로 깨어난 자의 눈물

영적인 잠에서 깨어난 사람이 이 땅 가운데 살면서 영적인 민감함으로 해야 하는 일이 있습니다. 그것은 우는 일입니다. 영적인 잠에서 깨어난 하나님의 사람들이 이 땅을 품고 눈물을 흘려야 하는 이유는 하나님께서 이 땅을 향해서 울고 계시기 때문입니다. 우리가 영적으로 깨어 있다는 것은 하나님과 동행하며 그 분과 같은 마음을 품는다는 것이고, 이 땅에 살아가면서 이 땅을 품고 주님과 같이 울 수 있다는 것을 의미합니다. 그래서 '운다'는 것은 하나님께 절대적으로 매달리는 것을 의미하고, 이 땅을 바라보며 안타까워하는 하나님의 마음을 대변하는 것과도 같습니다. 이렇게 볼 때, 영적으로 깨어난 사람의 특징은 눈에 촉촉한 눈물을 가지고 있다는 것입니다.

하나님께서 우리에게 일깨워 주시기 원하는 것이 있습니다. 그것은 눈물 없이 살아간다는 것이 얼마나 힘든 일이며, 영적으로 메마른 삶인지 말입니다. 크리스마스 캐롤 중에 "울면 안 돼, 울면 안 돼"라는 가사가 있습니다. 이 캐롤이 믿는 사람에게는 맞지 않다는 것을 알게 되었습니다. 캐롤의 내용을 보면 울지 않아야 선물을 받을 수 있습니다. 그러나 우리 믿는 신자들은 하나님 앞에 울고 떼를 써야 하나님을 만날 수 있고, 하나님의 응답을 받을 수 있습니다. 이 글을 읽으면서 예전에 내가 하나님을 향해 흘렸던 눈물이 어떠한 것이었는지, 교회를 위해 흘렸던 눈물이 어떤 눈물이었는지, 가정을 위해 흘렸던 눈물이 어떤 눈물이었는지를 다시금 깨닫고 더 큰 눈물을 회복할 수 있길 원합니다.

애통하는 자의 복

눈물에는 세 가지 종류가 있다고 합니다. 첫 번째는 생리적인 눈물이 있습니다. 이 생리적인 눈물은 눈을 촉촉하게 하기 위해서 나오는 눈물입니다. 이 생리적인 눈물이 나오지 않는다면 안구 건조증에 걸릴 수 있습니다. 두 번째는 감정적인 눈물이 있습니다. 이 감정적인 눈물은 정서적인 눈물이라고도 부릅니다. 영화를 보거나, 슬픈 일을 목격했을 때 흘릴 수 있는 눈물입니다. 세 번째는 영적인 눈물이 있습니다. 마태복음 5장 4절에 나오는 애통하는 눈물이 바로 영적인 눈물이라는 것입니다.

이 본문의 눈물은 원어에서 보면 창자가 끊어지는 듯한 아픔을 가진 눈물을 의미합니다. 성경에서 성령이 우리를 위해 탄식한다는 표현을 쓸 때, 이 단어를 사용합니다. 그리고 예수님이 흘리신 눈물을 표현할 때 이 단어를 사용합니다. 그래서 본문의 "애통하는 자는 복이 있나니 저들이 위로를 받을 것임이요"의 말은 내 창자가 끊어지는 듯한 눈물을 하나님 앞에 보이는 자를 의미합니다. 그러므로 애통이라는 단어는 자아가 찢어지며 깨어지고 무너질 때 나오는 것입니다. 한번 생각해보시기 바랍니다. 자신에게 어떤 아픔이 있다고 창자가 끊어지는 아픔으로 울겠습니까? 갑자기 울라고 해서 그렇게 울 수 있겠습니까? 흉내는 낼 수 있을지 모르지만 창자가 끊어지는 것 같은 눈물을 흘리는 사람은 없을 것입니다. 이처럼 애통이라는 것은 자신의 자아가 끊어질 때, 자아가 무너지고 깨어질 때 나오는 것입니다.

그래서 애통이라는 말은 다른 일로 슬퍼서 우는 것이 아니라, 내가 죽고 무너지는 아픔을 가진 눈물입니다. 예수 그리스도를 믿으면서도 내 뜻과 내 고집대로 살아왔던 모든 것들이 이제는 전적으로 하나님 앞에 내려놓고 포기할 수 있을 때 나오는 눈물이라는 것입니다.

예수님께서 우는 것이 복이 있다고 말씀하시는 것은 슬픈 현실을 보고 날마다 울라는 뜻이 아닙니다. 사도 바울의 고백처럼 철저히 자신을 위해 십자가 위에서 돌아가신 주님을 생각하며, 자신도 그 분처럼 십자가에 못 박는 행위를 할 때, 내 자신이 무너지며 창자가 끊어지는 것 같은 애통의 눈물을 흘리는 것입니다. 그러므로 애통하며 우는 것이 복되며, 그렇게 울어야 하나님의 위로를 받을 수 있다는 것입니다.

여러분, 애통하는 자의 복을 이야기 했는데 혹시 하나님 앞에 울었지만 자신에게 위로가 되지 않아 성경을 불신하는 분들이 계십니까? 그래서 성경의 의미를 깊게 알 필요가 있습니다. 여기서 애통이라는 말은 철저하게 자기 자신을 무너뜨리고, 철저하게 굴복되어지고, 철저하게 십자가에 자신을 못 박는 행위라는 것입니다. 자신이 그렇게 죽어가는 데도 눈물을 흘리지 않을 사람이 있습니까? 자신이 한없이 무너져 가는데도 애통하지 않을 사람이 있겠습니까? 그래서 예수님은 날마다 자신을 십자가에 못 박는 포기의 눈물을 흘릴 때, 비로소 하나님께서 우리에게 찾아오셔서 마음껏 사용하시고 위로해 주실 수 있기 때문에 애통하는 자가 복이 있다고 말씀하시는 것입니다.

구원을 받고 난 다음에 우리의 신앙에 있어서 중요한 것은 나 자신과의 문제입니다. 내가 죽어야 내 속에 계신 예수가 온전하게 통치하십니다. 그런데 우리가 구원받고 난 다음에 성장하기 까지, 성결하기 까지, 그리스도의 장성한 분량에 이르는 목표점에 도달하기 까지 우리가 싸워야할 싸움이 있습니다. 그 싸움은 다른 세상적인 싸움이 아닙니다. 그 싸움은 내 가족과의 싸움이 아닙니다. 그 싸움은 마귀와의 싸움도 아닙니다. 그 싸움은 나 자신과의 싸움입니다. 그래서 성경은 지속적으로 내가 죽어져야 예수 그리스도의 종이 될 수 있고, 그 분이 사용하실 수 있는 온전한 그릇이 될 수 있다고 말합니다.

시편32편에 보면, 다윗은 자신의 죄를 바라보면서 뼈가 쇠하도록 아파하면서 눈물을 흘렸다고 기록하고 있습니다. 다윗이 자신의 죄를 바라보면서 우는데 뼈가 녹아질 정도로 울었다는 것입니다. 다시 말해서, 다윗은 주님 앞에서 죄인된 자신을 모습을 깨닫고, 자기의 힘과 지혜로 살 수 없음을 고백하며, 철저하게 죄된 자아가 무너지는 고통 속에 눈물을 흘린 것입니다.

울어라 이 땅이여!

이 땅을 볼 때, 안타까운 사실이 하나 있습니다. 그것은 오늘 이 시대는 눈물을 잃어버린 세대인 것 같습니다. 눈물을 잃어버린 세대만큼 비참한 세대는 없습니다. 예수님도 그 당시에 이스라엘 사람들에게 "내가 애곡하여도 너희가 가슴을 치지 않았다."고 말씀하셨습니다. 예수님께서 활동하던 그 시대도 비참했습니다. 이 시대도 많은 사람들이 하나님을 믿는다고 하고, 예수 그리스도를 온전히 닮아간다고 말하지만 우리의 눈에서 얼마나 많은 눈물이 메말라져가고 있습니까?

그래서 이번에는 '울어라, 이 땅이여!'라는 주제를 다루고자 합니다. 이전에도 말씀드렸지만 '이 땅'이라고 하는 것은 하나님의 백성을 말합니다. 하나님은 지금도 당신의 백성들에게 이 땅을 향하여 그리고 영혼들을 위해서 울라고 말씀하십니다. 하나님의 이러한 외침이 들리십니까? 그렇다면 이제 우리가 무엇을 위해 울어야 하는지 하나님께 물어봐야 합니다. 저는 하나님께서 제게 깨닫게 해 주신 우리가 울어야 할 세 가지의 이유에 대해 나누고자 합니다.

나 자신을 보고 울라

하나님은 죄로 치닫는 이 땅을 바라보면서 아파하시고, 탄식하시고, 울고 계시기 때문에 영적으로 깨어난 사람이라면 반드시 그 하나님의 마음을 품고 이 땅을 향해서 울어야 합니다. 그렇다면 무엇을 위해서 울어야 합니까?

첫 번째로 나 자신을 바라보며 울어야 합니다. 누가복음 23장을 보면 예수님이 십자가를 지실 힘조차 없으셔서 쓰러지고 쓰러지자, 로마의 병정들이 그 십자가를 구레네 시몬이라는 사람에게 이어서 지고 가게 했습니다. 예수님의 오병이어 기적과 능력 때문에 병 고침을 받았던 무리들은 힘없이 죽어가는 예수님을 돕기는커녕 구경하고 있었습니다. '저분이 정말 메시아라고 한다면 이렇게 힘없이 죽어가지는 않을 텐데' 하며 말입니다. 그런 무리들 중에 눈물을 흘리며, 가슴을 치면서 예수님을 찾아온 여인들이 있었습니다. 유독 복음서 가운데 누가복음 안에서만 그 여인들을 기록하고 있습니다. 이 여인들은 누가 뭐라고 하든지 예수님에 대한 사랑이 너무 사무쳐서 예수님의 죽음에 대해 가슴 아파하고 있었습니다. 예수님도 그렇게 울면서 따라오는 여인들을 보시고 한 말씀을 던져주십니다. "예루살렘의 딸들아, 나를 위해 울지 말고 너희와 너희 자녀들을 위해 울라."

이 말씀의 의미는 그 여인들에게 동정심에서 나오는 일회적인 눈물과 감정에 치우친 눈물이 되지 말고 십자가의 궁극적인 의미를 알라는 말씀입니다. 지금 이 여인들의 눈물은 예수님이 불쌍해서 흘리는 눈물이기 때문입니다. 그렇게 예수님은 그 여인들을 세우시려는 마음으로 "예루살렘의 딸들아, 나를 위해 울지 말고 너희와 너희 자녀들을 위해 울라."라고 말씀하셨던 것입니다. 다시 말해서 이 말은 십자가를 지고 가는 이유를 알아야 한다는 것입니다.

그것은 돌아서면 죄를 지어버리는 너희 자신, 가르침대로 살아가지 않는 너희들의 변덕스러운 마음, 하나님의 자녀로 선택해 주었지만 그 권세를 버리고 세상 속으로 들어가려는 욕심을 가진 너희 자신을 위해 울어야 한다는 말입니다. 죄로 인한 괴로움으로 천국에 올라갈 때까지 계속 눈물을 흘릴 수 있는 사람이 되어야 한다는 것입니다.

자신의 눈에 눈물이 메말랐다는 것은 하나님이 바라보시는 나를 바라보지 못했기 때문입니다. 자신이 얼마나 죄인이고 비참한 사람인지 깨닫지 못했기 때문에 울지 못하는 것입니다. 그렇기 때문에 애통이라는 것은 자기 성찰에서부터 시작합니다. 영적인 눈을 떠서 자신을 볼 수 있는 것에서부터 시작하는 것입니다. 자신이 얼마나 형편없는 존재인지를 보고 흘리는 눈물이 바로 이 애통인 것입니다.

성경에서 자기를 발견한 사람은 이렇게 애통했습니다. 이사야 선지자를 보면 하나님께서 보여주시는 자신의 모습을 보며 "화로다, 망하게 되었도다."라고 말하면서 얼마나 울었는지 모릅니다. 베드로도 세 번이나 예수님을 부인한 후에, 닭이 울 때마다 한계 있는 자신의 모습을 보며 얼마나 울었는지 모릅니다. 바울 사도도 자신은 선을 행하기를 원하지만 행하는 것마다 죄 뿐인 자신을 보고 로마서 7장에 "오호라, 나는 곤고한 자로다. 누가 이 사망의 몸에서 나를 건져낼꼬." 하면서 눈물을 흘립니다. 성경의 위대한 인물, 즉 하나님께서 쓰시는 사람들은 언제나 하나님이 바라보시는 자신의 모습을 바라보면서, 늘 죄 가운데 있는 자신 때문에 울 수 있는 사람이었습니다.

다른 사람을 위해 울라

애통하는 자는 다른 사람의 약점과 아픔까지도 자신의 허물인 줄 알고 같이 울게 됩니다. 다시 말해서, 다른 사람을 위해서 애통하게 된다는 것입니다. 이것이 바로 순서입니다. 자신을 위해서도 울지 못하는 사람이 어떻게 다른 사람을 위해서 울고, 이 세상을 품고 울 수 있겠습니까? 이것이 애통의 또 다른 차원입니다.

성경에 보면 예수님이 그러하셨습니다. 성경에 보면 예수님이 눈물을 흘리시는 모습이 나오는데 그 중 하나가 친구 나사로가 죽었을 때입니다. 왜 우셨습니까? 나사로가 착실하고 둘도 없는 친구였지만 한계 있는 인간의 삶을 살아갈 수밖에 없는 존재이기에 우셨던 것입니다. 이처럼 영적으로 깨어난 사람은 예수님의 눈물을 본받아서 다른 사람의 삶의 한계, 다른 사람의 어려움을 품고 울어야 합니다. 예수님의 이 애통은 이웃을 위한 애통이었습니다. 이것이 기독교인들이 흘려야 할 신령한 눈물인 것입니다. 진정한 그리스도인들은 그리스도의 마음을 가지고 이웃을 바라보며 가슴을 치며, 눈물을 흘릴 수 있는 사람입니다.

한국 교회가 짧은 역사 동안 이렇게 성장한 것은 우리 믿음의 선조들의 눈물 때문이었습니다. 우리 민족은 한이 많기 때문에 울었다고 표현을 하는데, 저는 그렇게 생각하지 않습니다. 한이 많아도 성령이 역사하시지 않으면 울 수 없습니다. 오히려 더 웅어리가 져서 차가워질 수 있습니다. 저는 한국의 초창기 성도들의 신앙에 대한 논문을 쓰면서 참 많은 감동을 받았습니다. 그들은 자신들이 아무것도 할 수 없었다고 생각했기에 하나님께 매달리는 눈물이 있었습니다. 지금 교회는 정말 아파하는 마음이 있습니까? 정말 눈물이 있습니까? 그렇지 않기 때문에 이 세대는 비참한 세대인 것입니다. 그래서 하나님이 이 땅을 향해서 원하시는 것이 바로 부흥인 것입니다. 왜냐하면, 부흥을 경험한 자만이 다시 눈물을 흘릴 수 있기 때문입니다.

여러분의 교회도 한 번 생각해 보시기 바랍니다. 여러분의 교회의 성장은 교회를 위한 눈물의 기도가 있었기 때문이 아닙니까? 눈물이 있는 교회는 건강한 교회입니다. 눈물이 있는 교회는 성장합니다. 눈물이 있는 교회는 하나님이 성장시키십니다. 그러나 눈물이 메마르고, 기도가 끊어지는 교회는 은혜가 메마를 수 있습니다. 그래서 하나님께서 이 땅의 교회에게 원하시는 그 눈물을 회복시키시려고 지금도 우리를 부르고 계십니다.

나라와 민족을 위해 울라

마지막으로 애통하는 자는 나라와 민족을 위해 울게 됩니다. 누가복음 19장 41절에서 44절입니다.

> 41 가까이 오사 성을 보고 우시며
> 42 이르시되 너도 오늘 평화에 관한 일을 알았더라면 좋을 뻔하였거니와 지금 네 눈에 숨겨졌도다
> 43 날이 이를지라 네 원수들이 토둔을 쌓고 너를 둘러 사면으로 가두고
> 44 또 너와 및 그 가운데 있는 네 자식들을 땅에 메어치며 돌 하나도 돌 위에 남기지 아니하리니 이는 네가 보살핌 받는 날을 알지 못함을 인함이니라 하시니라

이 본문은 예수님께서 공생애를 마치시고 예루살렘 성전으로 입성하시는 장면입니다. 예수님은 공생애 삶을 사시면서 많은 대중들에게 한 번도 대접을 받거나 함성을 들은 적이 없으셨습니다. 그런데 이 날은 대중들이 종려나무를 꺾고 흔들며, 자신들이 소중히 여기는 옷들을

깔고 비록 나귀새끼였지만 그 나귀에 올라타신 예수님께 열렬한 환영을 하고 있습니다. 많은 사람들이 '호산나!' 외치며, '다윗의 이름으로 오시는 이여!' 하며 예수님을 환영하고 있었습니다. 그런데 갑자기 예수님께서 예루살렘 성 가까이에 오시니, 그 성을 보고 우시기 시작하셨습니다. 예수님 주변에 있는 열 두 제자들과 대중들도 동일하게 그 성을 바라봤습니다. 그런데 그들은 아무 것도 바라보지 못했는데, 예수님은 바라보시자마자 우셨다는 것입니다.

헬라어로 '바라보셨다' 에서 '보다' 라는 의미는 직관력을 가지고 뚫어지게 보셨다는 것을 의미합니다. 그것이 예수님과 사람들의 바라봄의 차이였습니다. 예수님은 영적인 예민함과 아버지의 마음을 가지고 성전을 바라본 것입니다. 그 성전은 타락해 있었고, 이제 곧 돌 위에 돌 하나도 남지 않는 엄청난 재앙이 임할 것을 보신 것입니다.

예루살렘 성 안에 있는 성전은 이스라엘의 최후의 보루와도 같은 곳입니다. 모든 이스라엘 사람들이 다 타락한다고 할지라도, 그 예루살렘 성전 만큼은 제 역할을 감당하면서 타락한 이스라엘을 향해서 돌아와야 한다고, 죄의 용서를 위해 외칠 수 있는 곳이어야 했습니다. 그러나 예수님 눈에 비친 예루살렘 성전은 더럽고, 성전의 기능을 잃어버린 타락한 곳이었습니다. 그런 성전을 보며 국가적으로 당할 위험을 꿰뚫어 보실 수 있었던 것입니다. 이 눈물은 이스라엘 나라와 민족을 사랑하시고, 예루살렘을 사랑하는데서 나온 눈물이었습니다.

여러분은 예수님 주변에서 그 분을 칭송하며, 호산나를 외치며 살아가지만 영적인 민감함이 없어서 폐허가 되는 이 땅을 보면서도, 영향력을 잃어버린 교회와 성도들을 바라보면서도 울지 못하고 분위기에만 휩쓸려 왔다 갔다 하는 사람은 아닙니까? 하나님께서는 그리스도인들이 이 나라와 교회를 바라보며 울기를 원하십니다.

나라의 위기와 자신은 상관이 없다고 생각하는 사람이 너무 많은 것 같습니다. 성경에 보면 하나님이 쓰신 사람은 항상 나라와 민족을 향해서 눈물을 흘릴 수 있는 사람이었습니다. 여러분들이 정말 대한민국을 사랑한다면, 위기에 처한 이 민족을 품고 울 수 있어야 합니다. 이 민족을 위해 눈물을 흘리고, 하나님 앞에 회개하며 나아갈 때, 하나님께서 우리의 작은 기도 소리를 들으시고 이 모든 상황을 바꿔주실 수 있음을 믿습니다. 예수님께서 그 민족을 보고 눈물을 흘리셨다고 한다면, 우리 역시 예수님처럼 사랑하는 조국, 대한민국을 품고 울 수 있어야 합니다.

눈물의 선지자 예레미야가 왜 눈물의 선지자라는 별명이 붙여진 줄 아십니까? 영적으로 너무나 민감하기 때문에 만나는 사람마다 죄로 가득 찬 모습들을 보고 울 수밖에 없었던 것입니다. 예레미야가 그 많은 눈물을 흘렸다는 것은 하나님 앞에서 얼마나 민감한 사람이었는지를 보여주고 있습니다. 또한 예레미야는 죄로 인해 이 민족을 심판하실 하나님 때문에 울었습니다. 죄를 보고 운다는 것은 그 한 사람의 운명 때문에도 울지만, 공동체를 이루는 한 사람, 한 사람이 죄로 가득 차 있기에 앞으로 심판받을 공동체를 생각하며 우는 것입니다.

이 땅을 위해 울고 있습니까?

나에게도 이러한 눈물이 있습니까? 사도 바울은 자신에게 그치지 않는 고통이 하나가 있다고 말합니다. 그 고통과 눈물은 동족의 구원을 위한 그의 마음 가운데 있는 애타는 심정이었습니다. 또 느헤미야 1장을 보면, 느헤미야가 고국에 돌아와서 고국에 대한 아픔으로 울고 또 울었다고 표현하고 있습니다. 그리고 그가 금식하면서 울었다고 합니다. 더 이상 말하지 않아도 믿음의 선조들은 나라와 민족을 위해 눈물을 흘릴 수 있는 사람이었습니다.

여러분은 민족의 아픔과 위기를 느끼고 있습니까? 이 민족의 죄악, 아픔, 심판이 보이십니까? 그렇다면 이 민족을 회복할 수 있는 방법이 있습니다. 그것은 나라와 민족을 품고 우는 것입니다. 하나님은 여러분들의 눈물을 기다리고 계십니다. 아무리 힘이 있어도 이 민족의 아픔을 온전히 치료할 수 없습니다. 오직 예수 믿는 사람들의 눈물만이 메마른 이 땅을 적시고, 회복할 수 있는 통로가 됩니다.

몇 해 전에 제가 서울신학대학교에서 훈련시키는 기노스코 팀과 같이 일본 오사카 단기 선교를 다녀왔습니다. 둘째 날, 고베라는 지역을 방문하게 되었습니다. 그곳은 지진이 크게 일어났던 지역이었고, 우리는 박물관에 가서 고베라는 지역의 처참함을 보기로 했습니다. 저는 그곳에 가서 무엇을 깨달아야 하는지 하나님께 계속 여쭤봤습니다. 그때 하나님께서 역대하 7장 12절부터 14절까지의 말씀을 떠오르게 하셨습니다. 사람의 힘으로 감당할 수 없는 초월적인 일이 발생할 때에 그 문제를 해결할 수 있는 주체는 하나님의 이름으로 일컫는 하나님의 백성이라는 것을 깨닫게 하시면서, 이 일본 땅을 위해 울 수 있도록 하기 위해서 우리를 보냈다고 강하게 말씀해 주셨습니다.

하나님께서 우리를 이 땅에 보내주신 이유가 무엇인 줄 아십니까? 우리가 이 땅을 위해 울어야 하기 때문입니다. 먼저 구원받은 우리로 하여금 열방을 품고 울게 하시는 것입니다. 우리나라에 태풍이 불고, 홍수가 일어나며, 지속적인 가뭄으로 대지가 메마르는 초월적인 사건들이 일어났습니다. 그 때 여러분은 기도하셨습니까? 애통하며 눈물을 흘리셨습니까? 설사 내가 울지는 못했더라도, 많은 믿음의 사람들이 이 민족을 놓고 울었기 때문에 이 땅이 하나님의 은혜로 아직까지 살아갈 수 있었다고 생각합니다. 그래서 우리 믿는 사람들은 기도와 눈물이 이 땅의 희망임을 결코 잊지 말아야 합니다.

그러나 여러분, 이 땅을 위해 울 수 있는 사람이 얼마나 있다고 생각하십니까? 왜 울지 못하는 것인지 알고 계십니까? 그것은 나 자신을 보고도 울지 못하고, 이웃을 보고도 울지 못하는데 어떻게 나라와 민족을 위해 울 수 있느냐는 것입니다. 하나님은 영적으로 깨어난 우리들이 바로 나를 품고 울고, 내 이웃을 품고 울고, 그리고 이 나라와 민족을 품고 울 수 있기를 원하십니다. 이 민족의 힘은 애통하는 힘입니다. 이 민족의 힘은 기도의 힘입니다. 지금 이 시대는 민족을 품고 우는 에스더와 모르드개와 같은 눈물이 필요합니다.

나라가 망하는 것은 한 순간입니다. 정치인들이 나라를 망하게 하는 것이 아닙니다. 믿는 신자들이 나라를 향해 울지 못할 때, 이 땅을 품고 울 수 있는 의인이 없을 때 이 땅이 무너질 수 있습니다. 하나님은 지금도 이 땅을 품고 울기를 원하십니다. 도산 안창호 선생이 하나님 앞에 이렇게 기도한 적이 있습니다. "하나님, 저는 죄인입니다. 하나님은 이 민족을 위해 큰 은혜를 베풀어 주셨는데 저는 이 민족을 위해 아무것도 하지 못했습니다."라고 울면서 기도한 일화가 있습니다. 그분이 애국자이기 때문에 그런 기도를 했다고 생각하십니까? 저는 그분이 애국자이기 이전에 철저한 신앙인이었다고 생각합니다. 이 깊은 신앙이 없이 어떻게 이런 고백이 나올 수 있겠습니까?

하나님은 우리의 눈물을 원하십니다

지금 우리나라에 필요한 것은 이 민족을 구원하기 위해 노력한 순교자들의 눈물이며, 순국선열들의 눈물입니다. 유명한 장로교의 창시자, 존 낙스는 이렇게 기도했다고 합니다. "하나님이여, 내 조국을 내게 주시지 않는다고 한다면, 멸망이라는 얼룩진 조국을 내게 주신다고 한다면, 이 해변가에서 내 목숨을 취하소서."라고 말입니다. 총칼로 세운 나라는 망할 수 있어도 눈물로 세운 나라는 망하지 않습니다. 우리 민족이 이렇게까지 성장할 수 있었던 것은 새벽마다 모여서 나라와 민족을 위해서 눈물을 흘린 우리 믿음의 선배들의 헌신 때문이었습니다. 그래서 천국으로 가는 길은 눈물로 올라가는 길이라고 할 수 있습니다.

일제시대 때, 신사참배를 반대하면서 결국은 순교했던 주기철 목사님을 아십니까? 그 목사님께서 지은 찬양이 있습니다. 그 찬양의 가사는 이렇습니다. "서쪽 하늘 붉은 노을 영문 밖에 비치노라. 연약하온 두 어깨에 십자가를 생각하니 머리에는 가시관, 몸에는 붉은 옷, 힘없어 걸어가신 영문 밖의 길이라네. 눈물 없인 못가는 길, 피 없이 못가는 길, 영문 밖에 좁은 길이 골고다의 길이라네. 영생복락 얻으려면 이 길 만은 걸어야 해. 배고파도 올라가고, 춥더라도 올라가세. 아픈 다리 싸매주고, 저는 다리 고쳐 주사, 보지 못한 눈을 열어 영생 길을 보여주니 칠전팔기 할지라도 제 십자가 바로 지고 골고다의 높은 고개 나도 가게 하옵소서. 십자가의 고개턱이 제 아무리 어려워도 주님 가신 길이오니 내가 어찌 못 가오랴. 주님 제자 베드로는 거꾸로도 갔사오니 고생이라 못 가오며 죽음이라 못가오리."

우리는 너무 쉽게 신앙생활 하고 있지 않습니까? 나에게 꼭 어려움이 오고, 더 큰 아픔이 와야 울 수 있습니까? 하나님은 우리의 메마른 눈에 눈물을 회복시켜 주시길 원하십니다. 꼭 신사참배라는 어려움이 있어야지만 이러한 가사가 나올 수 있는 것입니까? 왜 평안할 때는 눈물을 흘리며, 나를 위해 울고, 이웃을 위해 울지 못하는 것입니까? 주기철 목사님이 찬양 속에서 고백했던 것과 같이 천국은 눈물로 올라가는 길인데 세상과 타협한 것이 있다면 깨닫게 해달라고, 눈물을 회복시켜 달라고 기도해야 합니다.

하나님은 나 자신을 위해서 나의 눈물을 원하십니다. 하나님은 나의 가정을 위해서 나의 눈물을 원하십니다. 아내와 남편을 위해서 우리의 눈물을 원하십니다. 하나님은 잃어버린 영혼들을 위해서 우리들의 눈물을 찾고 계십니다. 위기의 나라와 민족을 위해 여러분들의 눈물을 찾고 계십니다. 눈물 없이 못가는 이 길, 주님께 우리의 눈물을 회복시켜 달라고 간절히 기도하길 원합니다. 그렇게 될 때, 하나님께서 내가 나 자신을 보고 아파하고, 이웃을 보고 애통하며, 나라와 민족을 향해 눈물 흘리는 것을 보시고 나 뿐 아니라 우리 가족, 교회, 나라와 열방까지 회복시켜 가시리라 믿습니다.

CHAPTER 3.
일어나라 이 땅이여!

이사야 60:1-3

1 일어나라 빛을 발하라 이는 네 빛이 이르렀고 여호와의 영광이 네 위에 임하였음이니라
2 보라 어둠이 땅을 덮을 것이며 캄캄함이 만민을 가리려니와 오직 여호와께서 네 위에 임하실 것이며 그의 영광이 네 위에 나타나리니
3 나라들은 네 빛으로, 왕들은 비치는 네 광명으로 나아오리라

하나님께서 영적으로 깨어 울고 있는 우리들이 이제 일어나서 하나님의 귀한 일들을 감당하기를 원하십니다. 그렇다면 하나님께서 일어나라고 명령하신 이유가 무엇인지, 일어나서 해야 하는 일들이 무엇인지를 '일어나라 이 땅이여!'라는 주제로 함께 나누고자 합니다.

하나님의 형상과 모습대로 지음 받은 사람들이 죄 때문에 영적인 눈이 가려지고 영적인 잠에 취해 있어서, 하나님이 원하시는 것들을 알지 못하고, 해야 할 일을 하지 못하며 살아가는 사람들이 많이 있습니다. 그래서 하나님은 그러한 영혼들이 하나님의 창조 목적대로 온전하게 깨어나길 원하십니다. 그리고 깨어났기 때문에 민감하게 하나님과 교제하고 반응하며, 하나님께서 이 땅을 보며 품고 있는 그 마음으로 이 땅을 위해 울기를 원하십니다. 그러나 하나님의 자녀들은 마냥 앉아서 울고만 있을 수는 없습니다. 이제 그 하나님의 마음으로 이 땅과 민족과 나라를 바라보며 다음 단계로 나가기를 바라시는데, 그것은 바로 일어나는 것입니다.

일어나라, 하나님의 명령

성경에 보면 '일어나라'는 말씀은 여러 군데에서 발견할 수 있습니다. 그런데 중요한 것은 일어나라고 명령한 다음에는 반드시 하나님께서 행하실 일들을 가르쳐 주셨다는 것입니다. 그래서 일어나라는 명령은 하나님의 백성이 하나님을 위해서 일하기를 원하실 때 주시는 말씀입니다. 이 글을 읽는 것도 은혜를 받기 위해서인데, 하나님께서 이 은혜를 주시는 이유가 있습니다. 그것은 나를 회복시키기 위해서 은혜를 주시는 것입니다. 그런데 하나님의 은혜가 나의 회복에서만 끝난다면 그것은 초보적인 단계에 머무는 것입니다. 하나님께서 은혜를 주실 때에는 먼저 나를 회복시키시고, 그 다음에 회복된 나를 통해서 일하시기를 원하십니다. 그러므로 이제 영적으로 각성하고 깨어나서, 하나님의 마음을 품어서 나를 위해 울고, 이웃을 위해 울고, 나라와 민족을 위해 우는 자들이 이제 무엇을 해야 하는지 살펴보고자 합니다.

본문 이사야 60장 말씀을 보면, 하나님은 이사야 선지자를 통해서 암흑과 어둠 속에 있었던 이스라엘이 일어나기를 원하셨습니다. 하나님께서 일어나라고 명령하셨을 때는 전제 조건이 있습니다. 그것은 바로 당신의 백성들이 누워 있다든지, 앉아 있다든지 하나님께서 명령하실 때 곧바로 일할 수 있는 준비가 되어있지 않은 상태라는 것입니다. 여러분들은 하나님께서 지금 당장 무엇을 명령하셔도 행할 수 있는 준비가 되어 있습니까? 지금 당장 어디를 보내셔도 가겠다는 대답은 할 수 있겠지만, 금방 달려 나갈 준비가 되어있느냐는 것입니다. 만약 그러한 준비가 되어있지 않다면, 하나님은 지금도 우리에게 찾아오셔서 일어나라고 말씀하고 계십니다.

일어나라는 의미

일어나라는 말은 모든 것이 준비된 상태입니다. 다시 말하면, 하나님께서 아프리카를 가라고 명령하셔도 갈 수 있고, 어떤 영혼에게 복음을 전하라고 해도 갈 수 있고, 어떤 도움의 손길이 필요한 곳을 가라고 해도 바로 준비가 되어 있기 때문에 갈 수 있습니다. 그러나 준비가 되어있지 않은 상태라면, 곧바로 행하고 실천할 수가 없습니다. 하나님께서 우리에게 이 글을 읽게 하시는 이유는 우리가 영적으로 각성되길 원하시기 때문입니다. 영적으로 각성되어 있다는 것은 하나님께서 사용하실 수 있게 모든 준비가 되어있는 상태를 의미합니다.

'깨어라, 이 땅이여! 울어라, 이 땅이여! 일어나라, 이 땅이여!'라는 세 주제는 사실상 같은 주제입니다. 왜냐하면, 이 모든 주제가 신자들을 향해서 영적인 각성을 촉구하는 메시지이기 때문입니다. 그러므로 영적으로 각성하며 부흥하는 것은 자기 자신이 하나님의 창조하신 목적대로 회복되는 것을 의미하고, 회복되었기 때문에 이제는 하나님의 마음을 품고 하나님의 대리자로서, 하나님을 위해서 일할 준비가 되어 있다는 것을 의미합니다. 다시 말해서, 하나님께서 우리에게 은혜를 주셔서 우리를 회복하신 것은 이제 하나님을 위해 실제적으로 사역을 할 수 있도록 준비시키시는 것입니다.

하나님께서는 우리가 받은 은혜를 지속하길 원하십니다. 그런데 그 은혜를 유지하는 방법이 바로 삶 속에서의 실천입니다. 실천은 하나님께서 말씀하신 목적대로 살아가는 것을 의미합니다. 그렇게 할 때, 그 은혜가 유지될 뿐만 아니라 그 은혜 아래에서 더 깊은 은혜를 경험할 수 있습니다. 하나님께서 우리에게 은혜를 주시는 목적이 바로 이것입니다. 그저 은혜만 받고, 회복만 받고 그 자리에 머물러 있으면 은혜가 유지될 수 없습니다. 그 은혜가 지속되어지고 깊어지기 위해서 하나님께서 우리를 이 땅에 보내신 목적대로 살아야 합니다. 그러므로 하나님께서 나에게 지속적으로 실천하기를 원하시는 일들이 무엇인지를 생각하면서 하나님의 음성에 귀 기울이는 모습이 우리에게 필요합니다. 주님의 음성을 듣고 순종하기 시작할 때, 우리를 통하여 가정, 교회, 지역과 민족으로 놀라운 주님의 은혜가 흘러가게 될 것입니다.

세상과 구별되어 살아가게 하심

이처럼 성경에서 하나님은 당신의 자녀들에게 지속적으로 일어나라고 명령하셨습니다. 그 첫 번째 이유는 하나님의 자녀가 세상과 구별되어 살아가게 하기 위함입니다. 만약 하나님의 백성이 일어서지 않았다면, 세상 속에 파묻혀 하나님의 백성으로 온전하게 회복되지 않았고, 하나님께서 사용하실 수 있는 준비도 되어있지 않은 것을 의미합니다. 사실 온전히 구별되지 않은 하나님의 자녀들이 이 땅을 살아가는 것은 너무나 힘이 듭니다. 왜냐하면 소속이 불분명해서 세상에서 조롱받고, 교회에서도 만족을 느끼지 못하기 때문입니다. 그래서 저는 소속이 불분명한 사람이 제일 불쌍한 사람이라고 생각합니다.

여기에서 우리가 곰곰이 생각해 보아야 할 것이 있습니다. '왜 나는 신앙생활 10년, 20년을 해도 하나님이 사용하실 수 있는 준비된 사람이 되지 못할까? 도대체 나는 지금까지 무엇을 위해서 하나님을 믿어왔고, 얼마나 하나님을 알고 있는가?' 뭔가 잘못되었다고 생각하지 않습니까? 적어도 1년을 하나님을 믿었으면 하나님이 어떤 분인지를 알아서 그 분이 나에게 원하시는 것이 무엇인지 깨닫고, 충실하게 준비되어져서 주님이 쓰시겠다고 하면 언제든지 순종할 수 있어야 하는 것이 아닙니까? 도대체 우리의 신앙에서 무엇이 문제입니까?

에베소서 5장 8절에 바울은 빛의 자녀들처럼 행하라고 말씀하고 있습니다. 빛의 자녀들처럼 행하라는 것은 빛을 바라며 살라는 것을 의미합니다. 즉, 어두운 세상에서 구별되어 빛을 바라며 살라는 것입니다.

온전히 구별된 곳에 능력이 있습니다. 온전한 구별이 있는 그곳에 하나님의 은혜가 있고, 하나님의 임재가 있습니다. 성경 어디를 봐도 하나님이 원하지 않는 곳에 하나님께서 임재하시는 일은 없습니다. 그래서 하나님은 우리에게 "세상과 구별되어 살아라."라고 말씀하십니다. 그때, 주님의 임재가 있고, 놀라운 은혜를 경험할 수 있기 때문입니다. 결국, 세상과 온전히 구별되지 못한 삶은 하나님의 은혜를 지속적으로 누리며 하나님의 자녀답게 살아가지 못하고 있다는 증거입니다.

마태복음에 보면 예수님께서 30세가 되어서 공생애를 시작하십니다. 그런데 예수님은 갑자기 공생애를 시작하신 것이 아닙니다. 마태복음 4장 12절에 보면, 세례 요한이 옥에 갇혔다는 소식을 듣고 예수님께서 공생애를 준비하십니다. 세례 요한은 말라기 3, 4장, 이사야 40장에 의하면 하나님이 보내신 사람으로 예수님의 길을 예비하는 사람입니다. 예수님은 어렸을 때부터, 성전에 들어가서 율법학자들과 토론할 정도로 성경에 대한 해박한 지식을 가지고 있었습니다. 그래서 세례 요한의 사명을 잘 알고 계셨습니다. 그런데 어느 날 세례 요한이 옥에 갇혀서 사역을 감당할 수 없다는 소문이 들리자 예수님께서는 그의 사역이 끝나가고 있다는 것을 아시고 공생애를 준비하신 것입니다.

그리고 나사렛을 떠나서 갈릴리 가버나움 지역으로 가시며 공생애를 시작하십니다. 왜 갈릴리로 가셨을까요? 그것은 세상과 온전하게 구분되기 위해서였습니다. 편했던 삶의 터전과 의지할 수 있는 삶의 관계에서 분리되고자 하신 것입니다. 그리고 마음이 가난하여 예수님을 필요로 하는 갈릴리 사람들을 위해서 가신 것입니다. 예수님의 3년 공생애를 잘 살펴보면, 그 분은 세상과의 철저한 분리로 하나님께 전적으로 의지하신 것을 볼 수 있습니다. 이것이 세상과 분리되고 구별된 삶의 모습입니다. 이와 같이 하나님의 백성은 세상이 아니라 하나님만을 의지해야 합니다.

창세기를 보면 아담과 하와가 죄를 지었을 때, 하나님께서 찾아오십니다. 그런데 아담과 하와는 숨어버립니다. 그 때 하나님께서 "아담아, 네가 어디 있느냐?"라고 부르십니다. 죄지은 아담에게 어디 있냐고 물어보신 이유는 그가 어디에 숨어있는지 몰라서가 아닙니다. 하나님을 피해서 숨어있는 너의 그 자리가 어떠한 곳인지 돌아보라는 것입니다. 결국 이 질문은 하나님을 두려워하며, 낙망하고 실패한 그 자리가 아담과 하와가 있어야 할 자리가 아니기에 이제 하나님 앞으로 나오라고 말씀하신 것입니다.

지금 하나님께서 여러분에게 동일하게 질문하실 수 있습니다. 하나님께서는 하나님을 떠나 있는 그 곳과 분리되기를 원하십니다. 아직도 그 자리에 머물러 낙망하고 아파하고 있다면, 세상과 온전히 분리되어 하나님 곁에 거하지 않는 증거일 수 있습니다. 혹시 나에게는 응답이 되지 않고, 다른 사람에게는 응답이 되는 것을 보고 답답해하신 적이 있으십니까? 저는 그 이유 중의 하나가 그 사람이 나보다 세상과 더욱 분리되어 살아가고 있으며, 그 안에서 하나님의 임재를 깊게 누리며 주님을 만나기 때문이라고 생각합니다. 왜냐하면 세상과 분리되면 될수록 그곳에 하나님이 임재하시고, 하나님의 능력이 임하는 장소가 되기 때문입니다. 이 시간 세상에서 잡고자 했던 모든 것을 다 내려놓고 하나님 앞으로 더 가깝게 나아가길 소망합니다.

하나님의 창조의 목적대로 회복하심

하나님께서 당신의 백성들에게 일어나라고 명령하신 두 번째 이유는, 하나님의 창조의 목적대로 회복시키시기를 위함입니다. 예수님께서 병자들을 고치시고 힘없는 사람들을 치유하실 때, 일어나라는 명령을 많이 하셨습니다. 이 '일어나라'라는 단어는 재창조의 말씀입니다. 하나님의 말씀이 나에게 적용되어 나의 심령을 움직이는 말씀을 레마라고 합니다. 피상적인 말씀이 선포되는 것으로 그치는 것이 아니라 나에게 적용이 되어 레마로 다가오는 말씀이 될 때 그 말씀이 우리를 일으키십니다.

말씀은 하나님이십니다. 요한복음1장 1절에 보니, "태초에 말씀이 계시니라. 이 말씀이 하나님과 함께 계셨으니 이 말씀이 곧 하나님이시니라." 라고 기록되어 있습니다. 그래서 말씀을 선포하셨다는 행위는 말씀에 능력이 있기에, 말씀으로 인해 창조할 수 있는 힘이 나타난다는 것을 의미하기도 합니다. 하나님께서 말씀으로 이 땅을 창조하셨습니다.

그런데 창조해 놓은 세상에 죄가 들어왔습니다. 그래서 하나님의 가장 소중한 피조물인 인간도 하나님의 형상과 모습이 깨어지기 시작했고, 자연도 신음하게 되었으며, 모든 것이 창조의 목적과 어긋나기 시작했습니다. 하나님은 그때부터 창조의 질서를 회복하는 일들을 시작하셨습니다. 그런데 그 깨어진 창조질서를 회복하기 위한 순서가 있습니다. 인간의 죄로 인한 타락으로 모든 질서가 깨어지지 않았습니까? 그래서 파괴의 주범인 인간이 먼저 회복되어져야 한다는 것입니다. 인간이 회복되면 모든 자연과 환경도 복원되어질 수 있기 때문입니다.

타락된 인간이 회복되는 방법이 있습니다. 그것은 하나님께서 재창조의 말씀을 선포하시는 것입니다. 그러므로 하나님께서 우리에게 찾아오셔서 일어나라 말씀하실 때, 결코 간과해서는 안됩니다. 그 메시지는 지금 나를 일으키셔서 창조의 질서대로 회복하시려는 하나님의 계획이 담겨있기 때문입니다. 요한복음 5장 8절부터 9절 한번 보겠습니다.

8 예수께서 이르시되 일어나 네 자리를 들고 걸어가라 하시니

9 그 사람이 곧 나아서 자리를 들고 걸어 가니라

우리가 너무 잘 알고 있는 본문입니다. 그런데 38년 동안 움직이지도 못하고 꼼짝도 못했던 환자의 입장에서 한번 생각해 봅시다. 이 병자는 목숨은 붙어있지만 죽어있는 모습과 다르지 않았고 어떠한 희망도 찾아보기 힘든 사람이었습니다. 그런데 예수님이 그 사람을 찾아가셨습니다. 성경에 많은 병자들이 있었지만 왜 38년 된 병자를 찾아 가셨는지 아십니까? 그는 더 이상 아무것도 할 수 없어 철저하게 자신이 포기된 사람이었기 때문입니다. 그리고 예수님께서는 그에게 일어나라고 말씀하십니다. 이 말씀이 바로 재창조의 말씀입니다.

사도행전 3장에 보면 베드로와 요한이 앉은뱅이를 만납니다. 베드로와 요한은 성령의 임재를 충만히 경험한 사람이었습니다. 그래서 앉은뱅이를 보면서 은과 금은 없지만 당신을 도와줄 수 있는 나사렛 예수 그리스도의 이름으로 일어나 걸으라고 당당하게 선포합니다.

하나님께서는 동일하게 말씀으로 회복되어진 우리가 하나님의 일을 위임받아서 세상에 죽어가는 사람들에게 재창조의 말씀을 선포하기를 원하십니다. 왜냐하면 이러한 사역은 말씀을 통해 재창조의 역사를 경험한 자들만이 능력 있게 증거 할 수 있기 때문입니다.

지금까지 하나님의 백성들이 일어나야 할 이유 두 가지를 말씀드렸습니다. 성경에서 지속적으로 하나님께서 당신의 백성들에게 일어나라고 명령하신 이유가 있는데 그 첫 번째는 세상과 구별하기 위해서입니다. 70%, 90%가 아니라 100%의 온전한 구별을 의미합니다. 거룩 자체가 능력이기 때문에 구별하기 위해 우리에게 일어나라고 말씀하시는 것입니다. 자기를 부인하고 세상과 구별되는 십자가의 길이 있어야 부활의 영광을 누릴 수 있습니다. 그리고 두 번째, 재창조의 말씀을 듣고 회복하기 위해 일어나라고 말씀하십니다. 그렇다면 이제 하나님의 백성들이 일어나서 무엇을 해야 하는지 생각해 보고자 합니다.

하나님의 구원 계획을 감당하라

앞서 말씀드리기를 하나님께서 일어나라고 하신 이유는 세상과 구분시키고, 재창조의 말씀을 통해 회복하기 위해서라고 했습니다. 그런데 주님은 그것으로 끝내시는 것이 아니라 해야 할 일들을 꼭 가르쳐 주신다는 것입니다.

그것은 첫 번째로 하나님의 구원 계획을 실천하는 행위입니다. 성경 본문을 보면 그 사실이 명확하게 드러나 있습니다. 하나님께서는 바벨론 포로로 잡혀가서 영적으로 어둠 속에 있는 이스라엘을 향해서 '일어나라' 라고만 말씀하시지 않으시고, '빛을 발하라' 라고 가르쳐 주셨습니다. 쉽게 말해, 일어나지 않으면 빛을 발할 수 없다는 것입니다. 내가 낙심한 그 자리에서, 상처받은 그 자리에서는 온전한 빛을 발할 수 없습니다. 이 말은 내가 말씀을 의지하여 일어나서 세상과 온전하게 구별되거나 재창조되는 경험이 없다면, 세상에 선한 영향을 끼칠 수 없다는 것을 의미합니다.

하나님께서 이 땅이 캄캄하고 흑암에 쌓여있기 때문에 빛을 발하라고 하셨습니다. 여러분이 빛이 되면 그 빛의 광명으로 열방이 모여들 것이라고 성경은 말하고 있습니다. 그래서 전도는 방법이 아닙니다. 인위적으로 전도를 하려고 하면 절대로 되지 않습니다. 먼저 내가 빛을 비추면 영혼이 붙게 되어 있습니다. 결국, 전도를 하지 못한다는 것은 내가 빛이 되지 못했다는 증거입니다.

제가 교회를 개척할 때, 하나님께서 저에게 주신 말씀이 있습니다. 빛이 된다면 영혼을 붙여주시겠다는 약속의 말씀이었습니다. 그리고 개척한지 6개월 만에 70명이라는 인원이 붙여졌습니다. 중요한 것은 그 선포된 말씀이 그대로 이루어졌다는 것입니다. 그렇기 때문에 우리에게 말씀이 삶의 기준과 원칙이 되어야 합니다. 결론적으로 하나님께서 우리에게 일어나라고 말씀하신 이유는 하나님의 구원계획을 감당하게 하기 위함입니다. 하나님은 오늘도 우리가 빛이 되어 하나님의 역사에 동참하길 원하십니다.

이렇게 말씀을 붙잡고 일어난 사람들 곁에는 반드시 영혼들이 몰리게 되어 있습니다. 이것이 전도의 근본적인 방법이라고 할 수 있습니다. 하나님은 지금도 쉬지 않으시고, 당신의 구원계획을 이루어 가십니다. 그런데 하나님은 말씀에 순종하여 일어나 빛을 발하는 자들을 통해서 하나님의 구원계획을 완성해 가십니다. 그 거룩한 구원사역 가운데 동참할 수 있는 여러분들이 되길 원합니다.

눈물로 씨를 뿌리라

두 번째로 눈물의 씨를 뿌리는 행위입니다. 시편 126편 5절부터 6절을 한번 보도록 하겠습니다.

> 5 눈물을 흘리며 씨를 뿌리는 자는 기쁨으로 거두리로다
> 6 울며 씨를 뿌리러 나가는 자는 반드시 기쁨으로 그 곡식 단을 가지고 돌아오리라

하나님은 울면서 일어나라고 말씀하고 계십니다. 그리고 울면서 해야 할 일을 구체적으로 말씀하십니다. 그것은 울면서 동시에 씨앗을 뿌리라는 것입니다. 이스라엘 백성들이 바벨론 포로에 있을 때, 그들

은 바벨론에서 나오기만을 원했을 것입니다. 그래서 하나님께서 이방 나라를 통해서 해방을 허락하셨고 그들은 기쁨으로 고국으로 돌아왔습니다. 그런데 그들은 철저히 폐허된 고국을 보게 됩니다. 오히려 바벨론 땅이 더 좋았습니다. 아무것도 할 수 없는 절망적인 상태를 보고 목 놓아 울 때, 하나님께서 눈물로 씨를 뿌리라고 말씀하신 것입니다. 이제 폐허가 된 곳에서 울고만 있으면 아무 소용이 없습니다.

본문의 정황을 고려할 때, 눈물로 씨앗을 뿌리라는 말은 첫 번째로 눈물로 회개를 하라는 의미입니다. 이 땅이 폐허가 될 수밖에 없었던 원인을 해결하라는 것입니다. 이스라엘은 하나님과의 관계가 단절되었기 때문에 바벨론의 포로로 끌려갔습니다. 죄 때문에 포로가 되었던 것입니다. 살아가면서 원하지 않는 일을 경험할 때 울고 원망만 하지 말고, 그 원인을 찾고 회개하라는 말입니다. 그래야 그것에서 끝이 나고 새로운 일이 시작할 수 있기 때문입니다. 죄 때문에 그렇게 됐는데 죄의 해결 없이 어떻게 열매를 기대할 수 있느냐 하는 말입니다.

두 번째는 말씀을 회복하라 는 의미입니다. 이제 그들의 자손들에게 온전한 신앙의 교육을 시키고 백성 모두가 하나님의 말씀 안에서 다시 관계가 회복되어질 수 있도록 하는 것입니다. 하나님의 말씀이라는 기준을 회복하지 못하면 하나님의 백성다운 삶을 살지 못하고, 또 다시 그들은 흩어질 수밖에 없습니다. 그래서 하나님은 당신의 백성들이 심판의 원인이 죄에 있음을 깨닫고, 그 죄에 대해서 회개하고, 다시금 믿음의 기초를 든든하게 세우기를 원하셨습니다.

우리에게도 마찬가지로 내가 먼저 일어나서 주변의 이웃을 격려하고, 하나님의 말씀 안에서 바로 서게 하며, 하나님과의 관계를 회복하도록 하는 눈물의 수고가 필요합니다. 이것이 말씀을 듣고 먼저 일어난 사람들이 해야 할 일이며, 눈물로 씨앗을 뿌리는 행위라는 것입니다.

일어나라, 빛을 발하라!

하나님께서 당신의 백성들에게 "일어나라, 이 땅이여!"라고 말씀하신 이유를 지금까지 함께 나눴습니다. 그것은 바로 우리를 하나님의 자녀로 온전하게 구별하기 위해서입니다. 세상 속에서 구별되어 살아간다는 것, 그 자체가 능력과 권능임을 기억하십시오. 그리고 우리를 일으키시는 또 다른 이유는 하나님의 창조목적대로 우리가 회복되어져야 하기 때문입니다. 그래서 그 일어나라는 말씀이 우리를 재창조하시려는 거룩한 명령임을 알게 되었습니다.

그리고 이제 우리들이 일어나서 해야 하는 일이 하나님의 구원의 계획을 이뤄가는 것임을 알았습니다. 그러나 그것은 메마른 심령으로는 결코 할 수 없습니다. 그래서 우리는 눈물을 흘려야 합니다. 눈물로 씨를 뿌려야 하는 것입니다. 내가 겪었던 아픔과 상처가 반복되지 않기 위해 주위의 이웃들을 말씀으로 양육하고 세우는 일에서부터 눈물로 씨를 뿌릴 수 있습니다. 요즘 가정이 무너지는 이유는 울면서 가정을 위해 기도하지 않고 말씀으로 양육되지 않기 때문입니다. 왜 울지 못하는 것일까요? 내가 일어나지 못했기 때문입니다.

"일어나라 주의 백성, 빛을 발하라 주가 너의 영광으로 임하시리라"

여러분, 지금도 하나님은 우리에게 찾아오셔서 일어나라고 말씀하고 계십니다. 그리고 하나님의 놀라운 구원 계획에 동참할 수 있도록 하십니다. 지금까지 하나님의 말씀을 따라 일어난 자들은 이 땅을 향해 눈물의 씨앗을 뿌리며, 하나님의 영광을 경험하였습니다. 우리는 이 모든 것이 하나님의 은혜임을 알고 있습니다. 이제는 주님의 부르심 앞에 순종하는 우리들의 차례가 되었습니다. "일어나라, 이 땅이여!"

정말로 부흥을 원하십니까?
그렇다면 내가 먼저 영적인 잠에서 깨어나야 합니다.

눈물 없이 못가는 이 길,
주님께 우리의 눈물을 회복시켜 달라고
간절히 기도하길 원합니다.

일어나라 주의 백성, 빛을 발하라.
주가 너의 영광으로 임하시리라.

4. 인생의 밑바닥에서 바라본 환상 (에스겔 37장 1-14절)
5. 오직 의인은 믿음으로 말미암아 살리라 (하박국 2장 1-4절)
6. 부흥을 노래하라 (느헤미야 8장 1-10절, 하박국 3장 17-19절)

PART II

"부흥을 노래하라!"

CHAPTER 4.
인생의 밑바닥에서 바라본 환상

에스겔 37:1-14

1 여호와께서 권능으로 내게 임재하시고 그의 영으로 나를 데리고 가서 골짜기 가운데 두셨는데 거기 뼈가 가득하더라.
2 나를 그 뼈 사방으로 지나가게 하시기로 본즉 그 골짜기 지면에 뼈가 심히 많고 아주 말랐더라.
3 그가 내게 이르시되 인자야 이 뼈들이 능히 살 수 있겠느냐 하시기로 내가 대답하되 주 여호와여 주께서 아시나이다
4 또 내게 이르시되 너는 이 모든 뼈에게 대언하여 이르기를 너희 마른 뼈들아 여호와의 말씀을 들을지어다
5 주 여호와께서 이 뼈들에게 이같이 말씀하시기를 내가 생기를 너희에게 들어가게 하리니 너희가 살아나리라
6 너희 위에 힘줄을 두고 살을 입히고 가죽으로 덮고 너희 속에 생기를 넣으리니 너희가 살아나리라 또 내가 여호와인 줄 너희가 알리라 하셨다 하라
7 이에 내가 명령을 따라 대언하니 대언할 때에 소리가 나고 움직이며 이 뼈, 저 뼈가 들어 맞아 뼈들이 서로 연결되더라
8 내가 또 보니 그 뼈에 힘줄이 생기고 살이 오르며 그 위에 가죽이 덮이나 그 속에 생기는 없더라
9 또 내게 이르시되 인자야 너는 생기를 향하여 대언하라 생기에게 대언하여 이르

기를 주 여호와께서 이같이 말씀하시기를 생기야 사방에서부터 와서 이 죽음을 당한 자에게 불어서 살아나게 하라 하셨다 하라

10 이에 내가 그 명령대로 대언하였더니 생기가 그들에게 들어가매 그들이 곧 살아나서 일어나 서는데 극히 큰 군대더라

11 또 내게 이르시되 인자야 이 뼈들은 이스라엘 온 족속이라 그들이 이르기를 우리의 뼈들이 말랐고 우리의 소망이 없어졌으니 우리는 다 멸절되었다 하느니라

12 그러므로 너는 대언하여 그들에게 이르기를 주 여호와께서 이같이 말씀하시기를 내 백성들아 내가 너희 무덤을 열고 너희로 거기에서 나오게 하고 이스라엘 땅으로 들어가게 하리라

13 내 백성들아 내가 너희 무덤을 열고 너희로 거기에서 나오게 한즉 너희는 내가 여호와인 줄 알리라

14 내가 또 내 영을 너희 속에 두어 너희가 살아나게 하고 내가 또 너희를 너희 고국 땅에 두리니 나 여호와가 이 일을 말하고 이룬 줄을 너희가 알리라 여호와의 말씀이니라.

여러분은 인생의 밑바닥에 처해 있다고 느껴보신 적이 있으십니까? 모든 것을 잃어버리고 모든 것이 막혀 있는 그러한 상황 속에서 우리는 어떠한 소망을 취할 수 있습니까? 인간으로서 느끼기에 도저히 헤어 나올 수 없는 인생의 밑바닥 속에 홀로 내버려졌을 때 세상 사람들이 취할 수 있는 방법 중 하나는 '죽는 일' 일 것입니다. 또한 죽는 것이 자신 없는 사람들은 자포자기 상태로 그 자리에서 아무런 소망 없이 살아갑니다.

세상 사람들과 하나님의 자녀 된 우리들의 차이점이 있다고 한다면 바로 여기에 있습니다. 세상 사람들은 인생의 밑바닥에서 스스로 목숨

을 끊거나 자포자기 상태로 살아가지만, 하나님의 자녀인 우리들은 그 상황에 그대로 머물러 있지 않습니다. 우리는 밑바닥에 내버려졌다 할지라도 나를 찾아오시고 회복케 하시는 분이 계심을 믿는 자들이기 때문입니다. 하나님은 밑바닥에 있는 나를 다시 부흥케 하십니다. 이것이 우리 믿는 자들에게 가장 큰 축복이 아닐까 생각합니다.

인생의 밑바닥으로 떨어진 이유

인간이 인생의 밑바닥까지 내려가는 근본적인 이유는 바로 죄 때문입니다. 하나님이 분명한 원칙을 주셨음에도 불구하고 우리가 거부하고 순종하지 않다가 결국 밑바닥으로 내려가게 되는 것입니다. 그런데 우리는 항상 그 밑바닥에서 하나님을 원망합니다. 하나님 왜 나를 이 밑바닥까지 내려오게 하셨습니까? 하나님 왜 나를 이 밑바닥에서 홀로 내버려두십니까? 내가 당신을 어떻게 섬겼는데, 내가 당신을 얼마나 신뢰했는데, 내가 얼마나 기도했는데, 그러면서 잘한 것 몇 가지를 대며 하나님을 원망하고 하나님 앞에 우리의 불만을 토로합니다.

그런데 분명한 것은 우리가 그 밑바닥까지 내려간 궁극적인 이유가 바로 나 자신에게 있다는 것입니다. 하나님의 통치권에서 벗어나 내가 하고 싶은 대로 살았기 때문입니다. 하나님께서 당신의 분명한 뜻을 사람을 통해서, 여건을 통해서, 환경을 통해서 우리에게 보여주셨음에도 불구하고 그것을 따르지 않았기 때문에 밑바닥까지 내려간 것입니다.

하나님께서 창조한 인간은 하나님의 통치권 안에 있을 때에 행복할 수 있는 존재입니다. 하나님이 우리를 그렇게 만드셨기 때문입니다. 돈이 없어서 관계가 깨어져서 삶의 어떠한 문제가 생겨서 인생의 밑바닥인 것이 아니라 그 하나님의 손을 놓쳐버리고 죄 가운데에서 서서히 죽어가는 삶이 인생의 밑바닥인 것입니다.

그러나 그 밑바닥에 있는 우리를 하나님은 포기하지 않으십니다. 그 밑바닥에서도 우리를 세우실 수 있는 분이 하나님이십니다. 그 밑바닥까지 찾아오셔서 아파하는 우리로 인해 함께 울고 아파하시는 분이 바로 우리의 아버지 하나님이십니다.

사사기를 보면 이스라엘 백성들이 인생의 밑바닥에서 하나님을 원망하며 부르짖는 모습이 지속적으로 나옵니다. 그리고 그런 그들을 하나님께서 다시금 회복시켜 주십니다. 이것이 서클처럼 일곱 번 반복되는데 이 '7'이라고 하는 숫자는 성경에서 완전의 숫자라는 의미를 가집니다. 그렇기 때문에 이스라엘 백성들이 일곱 번 하나님께 불순종하고 등을 돌렸다는 것은 그들이 전적으로 타락한 존재임을 가르쳐 주고 있는 것입니다. 그런데 그러한 이스라엘 백성들을 하나님께서 일곱 번 회복시켜주셨습니다. 이스라엘 백성들이 하나님 앞에서 전적으로 타락하였지만 그럼에도 불구하고 하나님께서는 그들을 전적으로 사랑하셔서 회복시켜주셨습니다.

상징적으로 사사기 안에 일곱 번의 타락과 회복이라고 하는 서클이 나와 있지만 구약성경 전체를 볼 때도 이스라엘 백성은 그들이 좋고 편안할 때 하나님을 떠났다가 그들이 어둠의 권세 아래 고통스러워 할 때 다시금 하나님을 찾았습니다. 그리고 그때마다 하나님은 그들을 그냥 내버려두시는 것이 아니라 찾아가서서 회복시켜주십니다. 이스라엘을 향한 하나님의 사랑과 인내와 기다림이 얼마나 크신지를 여지없이 보여주는 장면들입니다.

에스겔서의 배경도 그렇습니다. 에스겔 선지자가 활동하는 시기는 예루살렘과 유다 땅이 바벨론에게 정복당하여 포로로 잡혀 간 시대였습니다. 굉장히 암울한 시대였습니다. 왜 북이스라엘이 멸망당해야만 했습니까? 왜 남유다가 멸망당해야만 했습니까? 하나님의 택하심을 받은 이스라엘 백성들이 왜 하나님을 알지 못하는 바벨론에게 포로로 끌려갔어야만 했습니까?

이들에게는 강한 선민의식이 있었습니다. 만물을 지으신 하나님이 우리를 보호하시며, 그 하나님이 우리의 아버지가 되신다고 그들은 자부하며 살아왔습니다. 그런데 하나님을 알지 못하고 스스로를 강대국이라고 자처하는 바벨론에게 이스라엘 백성들이 포로로 끌려가게 된 것입니다. 이스라엘 백성들에게는 굉장히 수치스럽고 도저히 이해가 되지 않는 상황들이었습니다.

그러나 궁극적으로 그들이 포로로 끌려갔어야만 했던 이유를 살펴보면 이스라엘이 하나님에게서 멀어져 하나님이 원하시지 않는 죄 가운데 있었기 때문입니다. 자신들의 상태를 모른 채 죄 가운데에서 서서히 죽어가는 이스라엘 백성들을 내버려두실 수 없어 하나님께서 바벨론이라는 나라를 사용하셔서 그들을 영적으로 깨우신 것입니다. 영적인 밑바닥으로 떨어지고 떨어지다가 결국 바벨론이라고 하는 하나님의 심판의 도구에 의해서 그들이 멸망당하고 포로로 끌려간 것입니다. 그들은 그제서야 정신을 차리고 하나님을 찾으며 부르짖었습니다.

이스라엘 백성들은 하나님께서 그래도 하나님의 성전이 있는 예루살렘만큼은 점령당하도록 내버려두시지 않을 거라는 생각을 했을지도 모릅니다. 그러나 여지없이 그 땅이 멸망당하고 바벨론의 포로로 끌려가는 자신들의 모습을 보면서 이들은 아마 땅을 치면서 마음속으로 되뇌었을 것입니다. 이젠 우리에게 더 이상 소망이 없다고, 바벨론의 포로로 힘들게 살아가다가 죽으면 끝날 것이라고, 하나님의 자녀된 우리들이 더 이상 내세울 것도 없고 힘도 능력도 다 잃어버렸다고 절망하며 울부짖었을 것입니다. 그런데 그 때에 하나님께서 에스겔 선지자에게 찾아가셨습니다. 모든 소망이 사라진 바로 그 때에 하나님은 에스겔 선지자를 통해서 이스라엘을 향한 하나님의 비전을 보여주셨습니다. 그것이 에스겔 37장 말씀입니다.

우리는 에스겔 37장 말씀을 크게 세 등분으로 나눌 수 있습니다. 1-3절까지의 말씀은 이스라엘의 영적 상태에 대한 진단입니다. 4-10절까지는 그 영적 밑바닥에 있는 이스라엘을 살리기 위한 하나님의 처방이 나옵니다. 그리고 11-14절까지는 바로 이 예언이 이스라엘에게 어떻게 적용이 되는지 나오고 있습니다. 이것은 이스라엘에 대한 말씀이지만 오늘날 하나님의 자녀라고 자부하고 있는 우리들, 그러나 하나님의 뜻대로 살지 못하고 하나님이 원하시는 대로 행하지 못해서 인생의 밑바닥에 떨어져 있다고 생각하는 모든 '나 자신'에게도 적용될 수 있는 말씀입니다.

이스라엘 백성의 영적 진단

우리가 몸이 아파 병원을 가서 의사들에게 육체적인 진단을 받을 때도 참 떨립니다. 그러나 이 진단을 받아야만 나에게 맞는 처방을 얻을 수 있습니다. 하나님께서 이스라엘 백성들의 영적인 상태를 말씀하시며 에스겔에게 보여주시는 것이 있었는데 그것은 심히 마르고 많은 뼈들이었습니다. 예전에는 생명력이 왕성하게 있어서 그 생명을 가지고 활동했던 사람들이었으나 지금은 뼈만 앙상하게 남아 있다고 하는 것입니다. 오늘 이스라엘의 영적인 진단의 결과는 너무 처참했습니다. 어디가 고장 나고 중대한 병에 걸렸다는 것이 아닙니다. 죽었다는 것입니다.

에베소서 2장 1-2절 말씀을 보면 신약시대 위대한 전도자 바울이 에베소 교인들을 복음 안에서 세우기 위해 글을 쓰면서 이렇게 말을 합니다. "죄와 허물로 죽었던 너희를 살리셨도다!" 에베소 교회는 바울 사도가 복음을 전했을 때 반응한 무리들이 모여서 예배를 드리며 세워진 교회입니다. 그런데 바울이 에베소 교인들을 세우기 위해 무엇을 먼저 언급했냐면 예수 믿기 전에 너희는 허물과 죄로 죽어있었다는 것입니다. 그러한 너희들이었지만 하나님께서 살리셨다는 것입니다.

지금 에스겔서에 나오는 이스라엘 백성들도 하나님의 살리심으로 말미암아 생명을 얻어서 움직였습니다. 그런데 지금은 그 생명을 다 잃어버린 채 뼈만 앙상하게 남아있습니다. 생명의 흔적만 다른 사람들에게 보여줄 뿐입니다. 얼마나 안타깝고 애처로운 결과입니까? 그들에게는 아무런 소망이 없어 보입니다. 그저 죽은 존재일 뿐입니다.

그런데 성경에 참 재미있는 구절이 나옵니다. 하나님께서 에스겔에게 보여주신 뼈가 심히 많고 말랐다는 것입니다. 영어성경에는 "very much, very dry"라고 나옵니다. 뼈도 마를 수 있을까요? 이것은 뼈로 남아 있는 상태가 오래되었다고 하는 것을 의미합니다. 금방 죽었다고 한다면 뼈가 축축했다고 할 수도 있었을 것입니다. 그런데 뼈가 말랐다고 하는 것은 앙상한 뼈로 남은 지 시간이 오래 지났다는 것입니다. 이것은 이스라엘이 자신들도 모르게 영적으로 죽은 상태로 있었던 시간이 오래되었다고 하는 것을 가르쳐 주시는 것입니다. 인간적으로서는 도저히 다시 세울 수 없을 만큼 절대적으로 죽어 있는 현재 상태입니다.

만약 우리가 하나님의 임재 없이, 하나님과의 만남 없이 하루가 지나고 일주일이 지나고 한 달이 지났다고 한다면 우리의 영적인 상태는 이스라엘 백성들과 같이 심히 마른 뼈의 상태일 것입니다. 겉으로는 살아있는 것 같으나 실제로는 죽어있는 존재라는 것입니다. 이렇게 영적으로 죽어있는 상태로 살아가는 것이 바로 인생의 밑바닥의 삶입니다. 하나님이 주시는 기쁨과 평강과 소망을 잃어버린 채 세상 사람들과 똑같이 힘들어 하고 아파하고 절망하며 살아가는 삶이 바로 인생의 밑바닥의 삶이라는 것입니다.

그런데 하나님께서 에스겔 선지자를 아골 골짜기 중앙에 데리고 가셔서 "이 뼈들이 능히 살겠느냐?" 라고 물어보십니다. 어떻게 보면 이것은 이스라엘 백성들의 마음을 하나님께서 대변해 주시는 것일 수 있습니다. '하나님, 우리가 죽은 지 너무 오래 되었습니다. 우리가 당신을 떠난 지 너무 오래되어서 이미 부패할 대로 부패되어져 있습니다. 뼈가 말라 있듯이 우리는 오랫동안 당신 없이 살았습니다. 기도는 했지만 말씀은 들었지만 하나님의 임재 없이, 그 말씀 앞에서의 깨어짐 없이 오랫동안 내 멋대로 살았습니다. 오랫동안 당신을 거역하며 살았습니다. 그 결과로 지금 우리나라는 바벨론에 의해 포위당하고 모든 것이 무너져 버렸습니다. 하나님, 여기에서도 희망이 있습니까? 하나님, 여기에서도 일하실 수 있습니까?'

어떻게 보면 심히 마른 뼈로 진단받은 이스라엘 백성들이 하나님을 향해서 던질 수 있는 질문들입니다. 그러나 그들이 잘못한 바가 있어 감히 하나님 앞에 물어볼 수 없었기 때문에 하나님께서 에스겔 선지자에게 대신 물어보신 것입니다. "네가 보기에 이 뼈들이 이렇게 수두룩한데 그리고 너무 오래되어서 이렇게 말라있는데 그럼에도 불구하고 이 뼈들이 능히 살 수 있겠느냐?"

인간적으로 보면 거기에는 더 이상 소망이 없습니다. 인간적으로 보면 거기에서 어떠한 기대도 가질 수 없습니다. 웬만하면 이 에스겔 선지자가 '하나님이 일하시면 살아날 수 있습니다.' 라고 담대하게 대답했겠지만 에스겔 선지자는 차마 그럴 수 없었습니다. 한편으로는 자신들의 죄의 결과로 밑바닥에 떨어진 사실이 하나님 앞에 너무 부끄럽고 죄송했을 것입니다. 그리고 또 한편으로는 눈에 보이는 상황이 너무나도 비참하고 처절했기 때문에 다시금 우리가 살아날 것이라고 자신 있게 대답할 수 없었던 것입니다. 그래서 에스겔은 이렇게 대답합니다. "주께서 아시나이다." 이 대답 안에 들어가 있는 의미가 있습니다. '하나님 제가 보기에는 도저히 가망이 없고, 도저히 되어 질 수 없는 일이지만 그래도 하나님이 원하신다면 하실 수 있습니다.'

이스라엘을 살리기 위한 하나님의 처방

에스겔 37장 1절부터 3절까지의 말씀의 핵심은 하나님께서 이스라엘 백성들을 영적으로 진단하신 것입니다. 그 진단의 결과가 그들은 이미 오래전에 뼈들로 굳어져 버렸고 더 이상 일어날 수 없으며 헤어 나올 수 없는 밑바닥 상태라는 것입니다.

그러나 더 이상 헤어 나오지 못할 거 같은 밑바닥에 있는 이스라엘 백성들에게 하나님은 새로운 출발을 약속하십니다. 이것이 복음입니다. 복음이 무엇입니까? 기쁜 소식입니다. 하나님께서 밑바닥에서 죽어 있는 나를 살리시겠다는 약속입니다. 이 기쁜 소식이 없었다고 한다면 죄 많고 한계 있는 우리들이 어떻게 하나님을 만나고 그 하나님을 예배하며 소망과 기쁨을 가지고 살아갈 수 있겠습니까?

이스라엘 백성들은 자기 뜻대로 자기 멋대로 살아가다가 밑바닥으로 떨어진 것이기 때문에 하나님께서 그들을 그대로 내버려 두셔도 할 말이 없습니다. 이스라엘 백성들 스스로가 초래한 결과이기 때문입니다. 그러나 하나님은 그들이 하나님의 자녀이며, 하나님 소유의 백성들이었기 때문에 세상 모든 사람들은 다 포기한다고 할지라도 "나는 너를 포기하지 않겠다!"라고 말씀하십니다. 이 분이 하나님이십니다.

내가 어떤 위험한 처지에 처해있다고 한다면 아흔아홉 마리의 양을 두고서라도 나를 찾아오시는 분이 바로 우리 하나님이신 것입니다.

이스라엘 백성들의 진단의 결과는 참혹했습니다. 매우 많은 마른 뼈들이었습니다. 모든 것이 끝이라는 것입니다. 살아날 희망이 없다는 것입니다. 그러나 성경은 여기에서 말씀을 끝맺고 있지 않습니다. 그들을 살리기 위해 하나님께서 그들의 영적인 현실을 직면하게 하신 것입니다. 그리고 그 속에서 일하실 하나님의 모습을 보여주십니다. 이것이 성경의 놀라운 반전이고, 하나님 말씀의 능력이며, 우리의 소망과 희망이 되는 것입니다. 그래서 4절부터 10절까지 하나님께서 이스라엘 백성들을 다시 살리기 위한 처방이 나옵니다.

마른 뼈들에게 말씀을 대언하라

첫 번째 처방은 말씀입니다. 하나님이 에스겔 선지자에게 뭐라고 말씀하시냐면 '주의 말씀을 대언하라' 고 하십니다. 마른 뼈들에게 얘기를 하면 마른 뼈들이 듣습니까? 그런데 하나님은 그 마른 뼈들에게 하나님의 말씀을 대언하라고 하십니다. 저는 여기에서 가장 중요한 진리를 발견합니다. 하나님의 선택된 백성이라고 자부했던 이스라엘 백성들을 영적으로 진단해 보았을 때 더 이상 소망이 없고 희망이 없다고 하는 진단의 결과가 나온 이유가 무엇입니까? 그것은 바로 하나님의 말씀이 없었기 때문입니다. 말씀이 없다고 하는 것은 그들에게 들려진 말씀이 없었다고 하는 말이 아니라 말씀으로 인한 깨어짐, 엎드림, 하나님 앞에서의 굴복이 없었다고 하는 것입니다. 말씀 앞에 나의 죄를 자복하고 회개하며 주님의 뜻에 순종하는 삶이 없었다는 것입니다.

하나님의 백성은 무엇을 가지고 살아야 합니까? 바로 하나님의 말씀으로 살아야 합니다. 신명기에 보면 사람이 떡으로만 살 것이 아니라 하나님의 입에서 나오는 말씀으로 살아야 한다고 나옵니다. 여러분, 왜 내가 인생의 밑바닥까지 내려갔는지 아십니까? 왜 내가 그렇게 힘들고 어려운 순간까지 처하게 되었는지 아십니까? 왜 내가 인간적으로는 소망이 없는 그 밑바닥까지 내려가게 됐습니까? 그것은 하나님의 말씀을 외면했기 때문입니다. 하나님께서 찾아오시지 않아서가 아닙니다. 하나님은 날마다 우리를 찾아오십니다. 하나님은 날마다 우리에게 그 말씀을 들려주기를 원하십니다. 그런데 내가 듣기 싫어서 외면한 것입니다. 내가 듣기 싫어서 귀를 막은 것입니다.

하나님의 백성은 말씀을 외면하는 순간부터 죽어가게 됩니다. 우리의 육신은 배고프면 금방 드러나기 때문에 아무리 바쁜 일이 있어도 밥은 꼭 챙겨 먹습니다. 그런데 영이 배고파서 죽어가는 것은 느끼지 못합니다. 영적으로 예민하지 못하니깐 느끼지 못하는 것입니다. 영적인 배고픔을 느끼지 못하기 때문에 말씀을 먹지 않는 것입니다. 인간이 하나님을 거부해 버렸기 때문에, 그 말씀 앞에 온 마음으로 엎드리지 않았기 때문에 이스라엘 백성들에게 더 이상 소망과 살아날 가망이 없다고 진단 내려진 것입니다. 그러하기에 그들을 살리기 위한 첫 번째 처방이 바로 하나님의 말씀이었습니다.

말씀은 우리를 살아있게 하는 원동력입니다. 그리고 우리를 살릴 수 있는 힘입니다. 기독교는 말씀의 종교입니다. 말씀 그 자체가 하나님이시기 때문에 그렇습니다. 그런데 지금 우리는 말씀의 홍수 시대에 살아가고 있습니다. TV에서도 라디오에서도 인터넷에서도 내가 마음만 먹으면 원하는 말씀을 들을 수 있고 볼 수 있습니다. 그런데 왜 나는 여전히 죽어있습니까? 여전히 세상 사람들과 똑같은 모습으로 아파하며 절망 가운데 살아가는 것입니까? 그것은 내가 말씀의 지배를 받으며 살고 있지 않기 때문입니다. 말씀의 지배를 받는다는 것은 나 자신이 그 말씀 앞에서 산산조각이 나는 것을 의미합니다. 그 말씀 앞에서 나의 혼과 영과 및 관절과 골수가 찔러 쪼개지며 마음과 생각을 감찰 받는 것을 의미합니다. 그 말씀 앞에서 내가 하나님과 평행선을 그으며 대적했던 모든 것을 인정하고 자복하며 돌이킬 때 말씀의 지배 받는 삶을 살게 되는 것입니다.

신앙생활을 하면서 내가 말씀을 쥐고 흔들 때가 얼마나 많이 있습니까? 지금까지 얼마나 하나님이 원하시는 것들을 내 마음대로 내팽개치며 흔들고 내 마음대로 말씀을 평가하며 따지고 살아오셨습니까? '이 말씀은 좋아, 이 말씀은 너무 어려워, 이 말씀은 나중에' 하면서 말입니다. 내가 좋아하고 받아들일 수 있는 것들만 받아들이면 그것은 말씀에 지배되는 삶이 아닙니다. 이스라엘 백성들이 이렇게 살았습니다. 하나님이 선지자를 통해서 지속적으로 말씀하셨음에도 불구하고 그 말씀을 듣지 않았습니다. 거부했습니다. '저것이 정말 하나님의 말씀이라고 할지라도 나는 지금 그렇게 살고 싶지 않아' 라고 하는 것이 이스라엘 백성들의 마음이었습니다.

여러분 잘 생각해보십시오. 오늘 내 삶이 밑바닥이고 문제가 있다고 한다면 왜 내가 문제를 가지고 살아가야 되고, 왜 내가 인생의 밑바닥까지 내려갔어야만 했습니까? 하나님의 말씀을 내가 기준이 되어서 내가 중심이 되어서 내 마음대로 흔들었기 때문은 아닙니까? 그 말씀 앞에 나를 솔직하게 드러내고 내 마음과 생각을 점검하며 그 말씀에 순종하고자 하는 기본적인 자세가 우리 안에서 사라져 버린 것은 아닙니까? 하나님이 주시는 눈물과 평안과 기쁨을 모두 잃어버린 채 그저 교회만 왔다 갔다 하는 종교인으로 전락해버린 것은 아닙니까? 만약 그렇다고 한다면 우리는 이스라엘 백성들과 같이 오랫동안 말라져 버린 마른 뼈와 같은 상태에 있는 것입니다.

그런데 오늘 본문 4절에 하나님께서 에스겔 선지자에게 말씀을 대언하라고 하셨습니다. 죽은 자들이라도 하나님의 말씀이 들어가면 살아날 수 있다고 하는 것을 가르쳐주는 것입니다. 여러분들 또한 하나님의 말씀으로 인해 다시금 온전하게 살아날 수 있기를 바랍니다. 여러분의 삶 가운데 하나님의 말씀의 기준에 부합되지 않은 모든 것을 회개하십시오. 말씀 앞에서 나를 돌이키십시오. 그래야 마른 뼈 같은 우리가 다시금 살아날 수 있습니다.

말씀이 대언되었을 때 일어난 일

에스겔 37장 6절부터 8절의 말씀을 보면 하나님의 말씀이 선포되어졌을 때 그 속에서 일어나는 일들이 기록되어 있습니다.

첫 번째, 뼈들이 연결되어졌습니다. 뼈만 앙상하게 쌓여져 있는 곳에서는 그 뼈를 어떻게 맞추어야 될지 모르는 정말 암담한 처지입니다. 그런데 하나님의 말씀이 선포되어지니깐 뼈들이 각자 자기의 위치를 스스로 찾기 시작합니다. 우리 인생의 문제가 있어서 그 문제를 어디서부터 풀어야 될지, 어떻게 해결해야 될지 모를 때가 있습니다. 그런데 말씀에서 보니 하나님의 말씀이 대언되고, 선포되어진 말씀이 그들에게 부딪힐 때 마른 뼈들이 제자리를 찾기 시작했습니다.

두 번째, 그 뼈들이 제자리를 찾았을 때 그 뼈들이 힘을 얻을 수 있도록 하는 힘줄이 생겼습니다. 뼈들이 제 위치는 찾았는데 그 위치를 서로 연결해 줄 수 있는 힘줄이 없다고 한다면 뼈들이 각자 놀 수 있지 않겠습니까? 그래서 뼈들이 제 위치를 찾고 나서 힘줄이 생겼습니다. 그 뼈들을 제자리에서 움직일 수 있게 하는 원동력인 힘줄이 뼈들을 이어 준 것입니다.

세 번째 살이 오르기 시작했습니다. 뼈만 제자리를 찾은 것이 아니라 살이 생겨난 것입니다. 뼈와 그것들을 연결해 주는 힘줄들을 보호하고 외부로부터 공격받지 않도록 덮어주는 살이 생겨났습니다.

그리고 마지막으로는 가죽이 덮여졌습니다. 이것으로 완전한 형태가 완성되었습니다. 살가죽이 있기 때문에 우리가 쉽게 상처가 나더라도 다시 아물어지고, 속까지 상처를 입지 않게 됩니다. 따라서 가죽이 덮여졌다는 것은 한 층 더 보호되고 있음을 말해 주고 있는 것입니다.

하나님의 말씀이 있는 곳에 생명이 있습니다. 말씀이 선포되어지는 곳에 생명이 있습니다. 도저히 내가 할 수 없고 어디서부터 시작해야 할지 모르는 그 상황 속에서도 하나님의 말씀을 듣고 그것에 우리가 반응할 때 우리는 제자리를 찾게 되고 모든 것이 말씀 안에서 연결되며, 보호되고 온전하게 완성되어 진다라는 것을 말씀하고 계신 것입니다. 이 모든 것이 하나님이 하시는 일입니다.

성령의 역사하심을 경험하라

그런데 말씀만 가지고 마른 뼈들이 완전하게 살아나지는 않습니다. 그렇다고 말씀이 중요하지 않다고 하는 것이 아니라 말씀과 같이 있어야 하는 것이 있기 때문입니다. 그것이 바로 성령의 역사입니다. 여기서 꼭 기억하셔야 될 것이 있습니다. 말씀과 성령은 별개로 움직이는 것이 아닙니다. 말씀의 바탕 위에 성령이 움직이시고 역사하는 것입니다. 말씀이 선포되어 지는 곳에 성령이 동일하게 임재하시는 것입니다.

에스겔이 말씀을 대언할 때에 마른 뼈들이 소리를 내며 뼈가 맞춰지고, 힘줄이 생기고, 살이 붙고, 가죽이 덮여져서 완전한 형태를 유지했습니다. 그런데 성령의 역사하심이 없는 상태는 겉으로 보면 멀쩡한 것 같지만 생명이 없다는 것입니다. 잘 만들어진 마네킹은 진짜 사람 같지만 움직이지 못하고 말도 못하며 자기 스스로 결단할 수도 없습니다. 그래서 하나님이 메마른 뼈들과 같은 이스라엘 백성들을 살리시는데 가장 먼저 하신 일은 그들이 외면했던 말씀을 다시 대언하게 하시고, 두 번째로 성령을 그들에게 다시 보내심으로 말미암아 온전한 하나님의 사람을 재창조 하신 것입니다.

오늘날 우리 또한 마찬가지로 말씀의 깨달음은 있으나 성령의 역사하심이 없으면 우리의 삶은 굉장히 건조해질 수 있습니다. 성령의 생기가 우리 안에 다시 들어와야 그 부딪힌 말씀을 가지고 계속해서 묵상하며 살아갈 수 있는 것입니다. 성령의 역사하심을 인정하는 것과 경험하는 것은 큰 차이가 있습니다. 성령의 역사하심을 인정하는 것은 객관적인 어떤 사실에 불과하지만 성령의 역사하심을 경험하는 것은 주관적인 나의 사건이 되는 것입니다. 이 주관적인 나의 경험이 있어야 말씀 안에서 나는 다시 살아날 수 있습니다.

우리가 성령의 역사하심을 경험하기 위해서 해야 될 일이 있습니다. 그것은 기도입니다. 성경을 자세히 보면 기도 없이 성령이 임한 적이 거의 없습니다. 반드시 그들이 모여서 전심으로 기도할 때에 하나님께서 성령을 부어주셨습니다. 기도를 통해 성령이 임재 한 것을 보여주는 대표적인 성경 구절이 사도행전 4장 31절입니다. "빌기를 다하매 모인 곳이 진동하더니 무리가 다 성령이 충만하여 담대히 하나님의 말씀을 전하니라"

사람들이 하나님께 빌기를 다 했을 때 하나님께서 그들을 성령으로 충만케 하셨습니다. 하나님께 전심으로 기도해야 성령 충만함을 입을 수 있고, 그로 인해 성령이 인도하시는 데로 살아갈 수 있습니다. 내가 기도하지 않기 때문에 겉모양은 멀쩡하더라도 하나님이 원하시는 대로 결단하지 못하고 하나님이 원하시는 대로 행동하지 못하고 있는 것입니다. 여러분! 우리가 하나님 앞에 온전하게 빌며 나갈 때 하나님이 준비하신 성령을 물 붓듯이 부어주실 것입니다.

하나님께서 계획하시고 하나님께서 분명히 이루실 일이라고 할지라도 우리가 기도하지 않으면 이루어질 수 없습니다. 하나님 앞에 부르짖어야 하나님께서 일하십니다. 나에게도 생기를 달라고 기도하십시오. 부르짖으십시오. 빌기를 다할 때 하나님이 무한한 기름 부으심으로 채워주시고 충만케 해 주실 것입니다.

이 예언에 대한 이스라엘의 적용

에스겔 37장 1-3절까지 하나님께서 이스라엘 백성들을 영적으로 진단하셨습니다. 영적인 진단의 결과는 너희들은 도저히 소망이 없는 자들이라고 하는 것입니다. 그런데 하나님께서는 거기에서 끝내지 않으시고 그들을 살리기 위한 처방으로 4-10절까지 말씀해 주셨습니다. 그들을 살리기 위한 처방 두 가지를 말씀해 주셨습니다.

첫 번째, 말씀으로 그들이 온전한 모습을 갖추어야 한다는 것입니다. 각 뼈들이 있어야 할 자리에 있고, 그것들이 힘을 얻을 수 있도록 힘줄로 연결되어지고, 그것들을 보호할 살과 피부가 생겨나야 한다는 것입니다. 그런데 그것으로 완성은 아닙니다. 그 안에 무엇이 있어야 된다고 하십니까? 두 번째, 성령의 역사하심이 있어야 한다고 하셨습니다. 성령이 움직이셔야 살아 있는 하나님의 사람이 된다고 하는 것입니다. 그리고 성령으로 말미암아 인간이 다시 생기를 얻기 위해서 해야 할 것은 기도라고 말씀하셨습니다.

하나님은 태초에 하나님의 형상과 모습대로 지음 받은 인간들에게 생기를 넣어서 그들을 하나님의 자녀로 만들어 주신 것처럼 다시 말씀과 생기로 인간들을 재창조하겠다는 말씀을 에스겔서에서 보여 주고 계십니다. 하나님의 재창조 사역은 지금도 진행되는 가운데 있습니다.

하나님은 아무리 메마른 뼈와 같은 나라고 할지라도 말씀과 성령으로 여러분들을 재창조하기 원하십니다. 따라서 우리가 그렇게 기도했으면 좋겠습니다. '하나님 나를 진단하여 주십시오!' 라고 말입니다. 하나님이 보시는 나를 알아야 우리가 말씀 앞에 엎드려질 수 있습니다. 여러분 자신을 하나님께 내맡겨 드렸으면 좋겠습니다. 그리고 그 결과를 붙잡고 기도하셨으면 좋겠습니다. 하나님이 처방하시는 대로 하나님의 말씀을 듣고 그 생기가 내 안에서 살아 움직일 수 있도록 하나님 앞에 구하십시오. 그러할 때 이 말씀에 기록되어 있는 대로 여러분들의 모든 모난 부분들, 문제 있는 부분들, 아픈 부분들을 고치시고 회복시켜 주시리라 믿습니다.

인생의 밑바닥에서 부흥을 노래하라

지금 내가 가지고 있는 문제는 본질적인 문제가 아닙니다. 그 문제가 해결되면 또 다른 문제가 있습니다. 반드시 그렇습니다. 하나님이 원하신다면 얼마든지 내가 가지고 있는 문제를 해결해 주실 수 있습니다. 그러나 하나님이 나에게 원하시는 것은 근본적 부분이 회복되는 것입니다. 우리의 본질적인 부분이 회복되어지면 비록 문제는 해결되어지지 않고, 사방이 막혀 있는 것 같은 상황이라 할지라도 그것을 뚫고 찾아오시는 하나님을 만날 수 있기 때문입니다. 그것으로 인해 감사할 수 있고 하나님을 찬양할 수 있습니다.

제가 이 말씀을 묵상하면서 크게 깨달은 것이 있습니다. 진정한 부흥의 노래는 인생의 밑바닥에서 올려 진다는 것입니다. 왜 그렇습니까? 부흥이 필요한 사람은 문제가 있는 사람들이기 때문입니다. 그런데 놀라운 것은 모든 것이 회복되어져서 부흥의 노래를 부르는 것이 아니라 그 상황 가운데에서도 하나님이 보여주시는 비전에 대한 믿음이 있기 때문에 부르는 것입니다.

우리가 기쁠 때 잘 될 때 축복받았을 때 부르는 노래는 다분히 우리의 감정이 섞일 수 있습니다. 그러나 인생의 밑바닥에서 내가 문제를 당할 때에 부르는 노래는 하나님을 향한 진정한 고백이 담겨있습니다. 그렇기 때문에 하나님이 기뻐하시는 것입니다. 바울과 실라가 그 옥중에서 하나님을 예배하며 부흥의 노래를 불렀을 때 하나님께서 기적을 베푸셔서 그들을 풀어주셨습니다. 그 뿐만 아니라 바울과 실라를 통해 감옥을 지키는 간수에게도 구원을 베푸셨습니다.

하나님은 하나님의 백성을 포기하지 않으십니다. 그렇기 때문에 우리에게 희망이 있는 것입니다. 왜 못 살겠다고 하십니까? 왜 힘들다고 하십니까? 하나님을 바라보지 않으니깐 세상적인 말들이 튀어나오는 것입니다. 하나님은 그 어렵고 힘든 순간에도 찾아가실 수 있는 분이십니다. 하나님은 그 순간에도 우리를 회복시키기 원하시는 분이십니다. 힘들고 어렵다는 말 대신 하나님을 바라보십시오. 지금 하나님이 나에게 원하시는 것이 무엇인지 보고 들을 수 있는 여러분들이 되시기를 바랍니다. 사람들은 포기해도 하나님은 여러분을 포기하지 않습니다.

하나님께서 원하셨던 한 가지 소원

에스겔 37장 11-14절을 보면, "너희 무덤"이라는 말이 나옵니다. 죽음과 같은 곳에서도 새로운 출발을 하게 하시는 분이 하나님이십니다. 호세아서 2장을 보면 하나님이 북이스라엘 백성들을 보면서 아골 골짜기를 소망의 문으로 만들어주시겠다고 하십니다. 많은 사람들이 가기 싫어했던 뼈와 시체들이 쌓여있던 저주의 골짜기도 하나님이 일하시면 소망의 출발점이 된다고 하는 것입니다.

내가 밑바닥이라고 생각했던, 내가 끝이라고 생각했던 그 곳에서부터 하나님이 일하실 수 있습니다. 어떻게 보면 그런 인생의 밑바닥이 하나님을 발견할 수 있는 기회의 자리입니다. 그래서 그 자리가 축복의 자리 일 수 있습니다. 나는 문제를 가지고 이 자리로 내려왔지만 그 문제 때문에 하나님을 바라보고 의지하며, 그 문제 때문에 하나님께 절실히 기도하며 나아갈 수 있기 때문에 그 자리는 하나님을 만나는 축복의 자리가 될 수 있는 것입니다. 그 자리가 바로 회복의 자리입니다. 하나님이 원하시는 방법대로 여러분들이 회복되어질 수 있음을 믿으시기 바랍니다.

하나님은 이러한 과정을 통해서 원하시는 것이 딱 한 가지 있습니다. "내 백성들아 내가 너희 무덤을 열고 너희로 거기서 나오게 한즉 너희가 나를 여호와인줄 알리라" 이 말이 무슨 말이냐면 내가 너희의 하나님이고, 내가 너희의 통치자이며, 내가 너희의 주권자이고, 내가 너희의 창조주임을 알아달라고 하는 것입니다. 여러분 너무 마음 아프지 않습니까? 저는 이 구절을 읽으면서 "할렐루야, 아멘" 했어야 하는데 이상하게 가슴이 저며 왔습니다. 하나님께서 우리로 하여금 당신의 여호와 되심을 인정하기를 얼마나 원하시는데 왜 내가 평상시에 하나님을 내 입으로 인정해 드리지 못했을까? 왜 내가 사람들 앞에서 그 하나님을 내 입으로 찬양하지 못하고, 그 분의 위대하심을 선포하지 못했을까? 하는 생각이 들었기 때문입니다.

하나님께서 죽은 자들을 살리신 이유가 있습니다. 이 일들을 통해 하나님께서 그들의 여호와인줄 알게 하시기 위함입니다. 여러분, 이번 기회에 "하나님 당신이 나의 주권자입니다. 당신이 나의 주인입니다. 당신만 나를 통치하십시오. 당신만 나를 주관하십시오. 당신은 능력 있는 전능자이십니다." 라는 고백이 여러분의 삶 가운데 지속적으로 선포되어지기를 바랍니다.

이것이 바로 부흥의 노래입니다. 부흥의 노래라고 하는 것은 꼭 형식을 갖춘 노래만 의미하는 것은 아닙니다. "하나님, 당신이 나의 하나님이십니다. 당신이 나의 여호와이십니다. 당신만이 나의 주인이십니다." 이런 고백도 부흥의 노래입니다. 우리의 입술에서 이러한 부흥의 노래가 계속 고백되어지길 원하십니다. 지존하신 주님, 당신만이 지존하십니다. 당신만이 이 세상의 주권자이십니다. 창조주이십니다. 이런 고백이 우리 입에서 계속 흘러나올 수 있기를 바랍니다.

부흥을 노래했던 한 사람

이스라엘의 거의 모든 사람이 메마른 뼈처럼 바짝 말라 있었던 그 상황 속에서 부흥을 노래했던 한 사람이 있었습니다. 희망도 없고 소망도 없이 바벨론에게 끌려가 포로 된 이 상황 속에서도 부흥을 노래하고 찬양했던 한 사람이 있었습니다. 하나님을 전능하신 분으로 고백한 사람이 있었습니다. 바로 에스겔 선지자입니다.

많은 사람들이 밑바닥에서 더 이상 소망이 없다고 탄식하는 그 상황 속에서도 하나님의 약속, 그 비전을 바라보는 사람은 하나님을 찬양할 수 있습니다. 하나님이 주신 약속의 말씀으로 인해, 하나님이 주신 그 비전으로 인해 내가 처해 있는 상황과 환경에 상관없이 그 하나님을 찬양할 수 있는 것입니다. 에스겔 선지자와 같이 말입니다.

상황과 여건에 흔들리지 마십시오. 돈의 문제, 관계의 문제 때문에 흔들리지 마십시오. 나를 만드시고 인도하시며 나에게 비전을 주시는 그 하나님만 바라보면서 하나님을 인정하며 나아갈 때 우리는 진정으로 하나님을 예배하고 찬양할 수 있습니다. 하나님은 인생의 밑바닥에서도 우리를 살리실 수 있습니다. 그래서 세례 요한이 이렇게 이야기 합니다. "하나님은 이 돌들로도 아브라함의 자손이 되게 하실 수 있다." 라고 말입니다. 내 마음에 기쁨과 소망이 없는 것은 내가 하나님을 바라보지 못하기 때문입니다. 하나님을 온전하게 신뢰하지 못하기 때문이고 하나님의 비전을 보지 못하기 때문입니다.

내가 지금 인생의 밑바닥이고 메마른 뼈와 같다고 한다면 그 속에서도 일하시는 하나님을 기대하십시오. 말씀과 성령으로 다시 일어나십시오. 그리고 많은 사람들이 메마른 뼈와 같이 살아간다고 할지라도 상황과 여건에 상관없이 하나님을 바라보며 하나님을 노래할 수 있는 우리가 되기를 간절히 소망합니다.

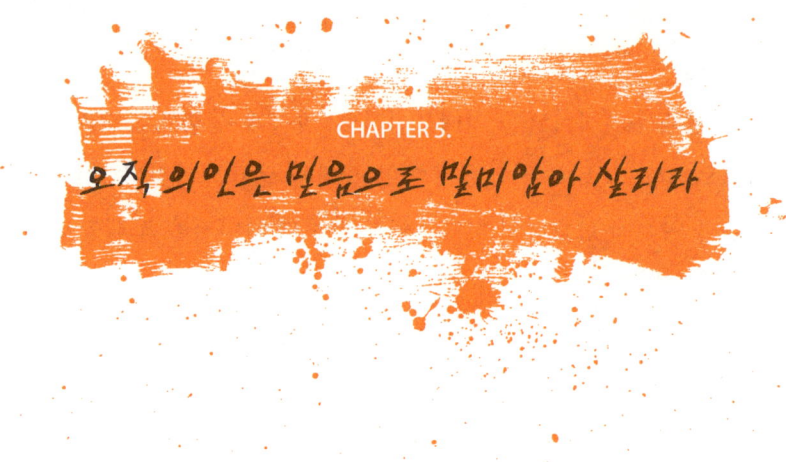

CHAPTER 5.
오직 의인은 믿음으로 말미암아 살리라

합2:1-4

1 내가 내 파수하는 곳에 서며 성루에 서리라 그가 내게 무엇이라 말씀하실는지 기다리고 바라보며 나의 질문에 대하여 어떻게 대답하실는지 보리라 하였더니
2 여호와께서 내게 대답하여 이르시되 너는 이 묵시를 기록하여 판에 명백히 새기되 달려가면서도 읽을 수 있게 하라
3 이 묵시는 정한 때가 있나니 그 종말이 속히 이르겠고 결코 거짓되지 아니하리라 비록 더딜지라도 기다리라 지체되지 않고 반드시 응하리라
4 보라 그의 마음은 교만하며 그 속에서 정직하지 못하나 의인은 그의 믿음으로 말미암아 살리라

에스겔에게 한 소식이 전해 졌습니다. 남유다가 멸망되어지고 예루살렘이 정복됐다는 소식입니다. 같은 민족이 멸망당했다는 소식을 듣고 에스겔이 얼마나 마음이 아팠겠습니까? 그러나 아프고 힘들고 눈물 나는 상황이었지만 그 상황 속에서도 에스겔은 하나님의 신에 이끌려 하나님께서 허락하시는 비전을 바라보게 되었습니다. 하나님께서 말씀하게 하시는 것들을 들을 수 있었습니다. 그러하기에 그는 부흥을

노래할 수 있었습니다.

　전혀 소망이 없어보이던 마른 뼈들에게도 주의 말씀이 대언되고, 성령으로 말미암아 생기가 들어가니까 그들이 살아나 하나님의 지극히 큰 군대가 되었습니다. 하나님의 군대는 세상적인 방법으로 훈련시키고 만들어 가는 것이 아니라 하나님의 말씀과 성령의 역사하심을 통해서 만들어집니다. 그 하나님의 군대는 하나님을 위해서 일하고 또 지속적으로 하나님을 찬양하며 예배하는 일들을 감당 할 것입니다.

　그렇다면 '비전을 보지 못한 자들은 부흥을 노래할 수 없나?'라는 의문이 드는데, 그렇지 않습니다. 비전을 보고 싶어도 보지 못하는 이유가 여러 가지가 있겠지만 비전을 보지 못했다고 해서 부흥을 노래하지 못하는 것은 아닙니다. 내가 아직 하나님이 주시는 비전을 보지 못했다고 해서 '아! 나는 부흥을 노래할 수 없나보다' 하며 이 책을 덮으시겠습니까? 그렇지 않습니다.

　설령 비전을 아직 보지 못했다 할지라도 하나님을 향한 믿음이 있으면 그 하나님을 노래할 수 있습니다. 믿음이라는 것이 무엇입니까? 지금 내 상황을 바라보는 것이 아니라 상황과 상관없이 역사하시는 하나님을 바라보는 것이 믿음입니다. 그 상황을 뚫고 일하실 하나님을 바라보는 것이 믿음이고, 그 하나님에게는 불가능이 없으시다는 것을 인정하는 것이 믿음입니다. 그리고 지금은 아니더라도 하나님께서 이 문제를 분명히 해결하실 수 있음을 확신하는 것이 믿음입니다. 이러한 믿음이 내 안에 자리 잡고 있다고 한다면 상황과 여건에 상관없이 그 하나님을 찬양하고 노래할 수 있습니다.

믿음으로 부르는 부흥의 노래

하박국 선지자가 불렀던 부흥의 노래를 이미 알고 있었지만 그 노래를 믿음과 연관시키며 다시 묵상하면서 얼마나 기뻤는지 모릅니다. "무화과 나뭇잎이 마르고 포도 열매가 없으며 감람나무 열매 그치고 논밭에 식물이 없어도 우리에 양떼가 없으며 외양간 송아지 없어도 난 여호와로 즐거워하리. 난 여호와로 즐거워하리. 그 구원의 하나님을 인해 기뻐하리라" 모든 것이 부정적인 상황 속에서 내가 할 수 있는 것이 아무것도 없지만 그러나 노래할 수 있습니다. 그것은 하나님을 향한 믿음 때문입니다. 나를 이 상황 속에서도 구원하실 수 있는 그 하나님으로 인해 기뻐할 수 있는 것입니다.

제가 여기서 힘주어서 말하고 싶은 것이 한 가지 있습니다. 그것은 많은 사람들이 믿음이 중요하다는 것을 알면서도 왜 우리의 삶 가운데에서 믿음을 구사하지 못하느냐는 것입니다. 상황 때문에 환경 때문에 마음이 상해서 하나님을 찬양하지 못하고 그 하나님 앞에서 노래하지 못합니다. 왜 오늘날 많은 사람들이 초대교회에 일어났던 놀라운 역사와 기적이 다시금 일어나기는 원하는데 많은 교회가 그 초대교회처럼 일하지 못하고 도리어 힘을 잃어가고 있는 이유가 무엇입니까? 여러 가지 이유가 있겠지만 그중에 가장 중요한 것은 지금 기독교인들의 목표가 불분명하다는 데에 있습니다.

기독교인 즉, 하나님의 자녀라고 말하는 우리들은 세속의 논리에 의해 끌려 다니는 사람들이 아닙니다. 하나님의 자녀들은 영원한 논리를 바라보며 달려가는 사람들입니다. 지금 당장 나에게 돈이 없어도 지금 당장 내가 좋은 옷을 입지 못한다 할지라도 지금 나에게 당장 필요한 것이 채워지지 않는다 할지라도 그 영원한 논리 때문에, 그 영원한 논리 안에 담겨있는 사랑과 비밀과 놀라운 능력 때문에 감사하고 기뻐할 수 있는 것이 하나님의 자녀들입니다.

초대교회 성도들이 예수를 믿는다고 축복을 받았습니까? 아닙니다. 그들은 예수를 믿을 때에 목숨을 걸고 믿었습니다. 그들은 예수 믿는다는 사실이 발각되어지면 곧바로 감옥으로 끌려갔어야만 했습니다. 또 원형 경기장에서 사지가 찢겨지고 처참하게 죽어가기도 하였습니다. 그럼에도 불구하고 그들이 예수를 버리지 않았던 이유가 있습니다. 그것은 하나님이 가르쳐주신 영원한 논리에 사로잡혀 있었기 때문입니다. 세속의 논리가 아닙니다. 세속의 논리에 사로잡혔다고 한다면 내가 예수를 믿기에 잘 되어야하고 내가 예수를 믿기에 축복받아야 하고 병이 나아야하고 모든 일들이 잘 풀려져야 합니다. 그것은 하나님이 원하시면 언제든지 가능합니다. 그러나 중요한 것은 하나님이 설령 그것을 허락하시지 않는다고 할지라도 하나님을 따르는 것입니다.

베드로전서에 보면 베드로는 이 땅의 인생을 나그네의 삶과 같은 것이라고 말하고 있습니다. 바울은 본도, 갑바도기아, 빌라델비아 모든 소아시아 지역에 흩어져있는 나그네들에게 이 글을 쓴다고 했습니다. 이 땅에 사는 사람들은 모두 영적인 나그네입니다. 이 땅이 전부가 아니라는 것입니다. 이 땅은 한번 왔다가 가는 것일 뿐입니다. 영원한 삶은 천국에서만이 존재합니다. 그런데 내 눈과 내 마음이 어디에 초점이 맞춰져 있습니까? 세속적인 논리에 의해 끌려 다니니까 결국 믿음을 말하기는 하지만 내 삶 속에서 그 믿음을 제대로 구사하지 못하는 것 아닙니까?

여기에서 믿음이라고 하는 것은 세속적인 믿음을 의미하는 것이 아닙니다. '이전에 로또 복권을 사서 번호가 틀렸지만 이번엔 다른 번호를 선택하면 반드시 좋은 결과가 있을꺼야. 난 믿어.' 라고 생각하는 것은 세속적인 믿음입니다. 많은 사람들이 예수를 자신의 출세와 성공의 방편으로, 내 육체의 치유의 방편으로만 생각합니다. 이것은 틀린 믿음입니다. 예수님은 오늘도 여러분들을 치료하실 수 있습니다. 저는 질병을 가지고 계신 모든 분들이 치료받으시길 원합니다. 그런데 중요한 것은 그것이 우리가 구해야 하는 전부가 아니라는 것입니다. 하나님은 더 큰 것을 자녀들에게 주기를 원하시는 아버지이십니다. 질병이 나아서 하나님을 떠난다고 한다면 병을 낫게 하는 것이 축복이 될 수 있을까요? 결코 그렇지 않습니다.

그래서 하나님은 현세적인 신앙이 아니라 우리에게 영원의 관점에서 말씀하시고, 영원한 진리를 가지고 살아가길 원하십니다. 지금 당장 어려워도 지금 당장 고생스러워도 그 하나님을 바라보고 붙잡기를 원하십니다. 그래야 흔들리지 않는 믿음이 생기고, 힘들고 어려운 상황 속에서도 하나님을 노래할 수 있는 것입니다.

믿음이 전제된 단어, 기다림

하박국서는 여호야김 이라고 하는 왕이 유다를 통치하고 있을 때의 예루살렘을 배경으로 기록되어 있는 예언서 입니다. 그런데 이 여호야김 왕은 애굽의 환심을 사기 위해서 백성들로 하여금 부당한 세금을 거두어들이고 노동력을 착취했습니다. 하박국은 유대인들의 편에 서서 하나님 앞에 탄원을 합니다. 하박국 1장을 보면 하박국이 하나님 앞에 탄원하고 질문 하는 다음과 같은 내용이 나옵니다.

"하나님 세상에 죄악이 만연되어있는데 이 죄악을 보고만 계십니까?" 하면서 안타까워합니다. 하박국 1장 3절과 4절에서 "하나님 왜 하나님의 공의는 이 땅에 펼쳐지지 않습니까? 왜 잘못된 자가 더 잘 살고 하나님 뜻대로 살려고 하는 자가 더 못사는 것입니까? 왜 우리가 고통을 받아야 합니까? 왜 우리가 어려워야만 합니까?" 하고 하나님 앞에 질문을 합니다.

여러분, 하나님이 보시기에 부족한 점이 많겠지만 그래도 믿음을 지키고자 노력해 왔는데 감당할 수 없는 환란이 닥쳐와서 나의 생활이 파괴될 때 우리는 깊은 절망과 좌절에 빠질 수 있습니다. 하나님을 향한 최소한의 기대감마저도 사라져버리고 차라리 안 믿는 사람들처럼 닥치는 대로 살자 라고 하는 심정이 되어버릴 수 있습니다. 그런데 바로 그러한 상황 속에서 하나님이 주신 응답이 본문의 내용입니다.

하박국 선지자가 질문을 하고 응답을 기다리는데 하나님께서 그 질문에 대해서는 대답을 안 하시고 동문서답과 같은 다른 대답을 하십니다. "너희 나라는 망할 거야. 바벨론에게 멸망당할 거야. 예루살렘도 무너질 거야." 차라리 듣지 못해서 몰랐으면 좀 더 편하게 살 수 있는데 하나님께 물었더니 하나님께서 이스라엘이 멸망당할 것이라고, 그래서 이스라엘이 폐허가 될 것이라는 답을 주셨습니다. 하박국의 마음이 얼마나 아팠겠습니까? 얼마나 힘들었겠습니까?

하박국 선지자가 또 다시 묻습니다. "하나님 그러면 하나님을 알지 못하는 이 바벨론 사람들을 하나님의 도구로 사용하시는 이유가 무엇입니까? 그들이 우리보다 잘난 게 무엇입니까? 적어도 우리가 하나님을 떠나고 우리가 죄 지었다고 할지라도 우리가 그들보다 더 낫지 않습니까? 그런데 왜 우리는 점점 안 되고 그들은 점점 강해지는 것입니까? 왜 그들에 의해 우리가 멸망당하고 왜 우리가 그들 때문에 힘들게 살아가야 합니까?" 라고 하박국 선지자가 하나님 앞에 다시 묻습니다. 그리고 나서 대답을 기다립니다.

하박국 2장 1절에 보면 "내가 내 파수하는 곳에 서며 성루에 서리라 그가 내게 무엇이라 말씀하실는지 기다리고 바라보며 나의 질문에 대하여 어떻게 대답하실는지 보리라 하였더니" 라고 기록되어 있습니다. 여기서 재미있는 단어가 나옵니다. 그 단어는 '기다림'이라고 하는 단어입니다. 저는 이 단어가 굉장히 중요하다고 생각합니다. 하박국 선지자가 1장에서 그 시대 상황을 가지고 하나님 앞에 질문할 때에 하나님이 "그래 미안하다 내가 지켜보고 있거든 조금만 더 기다려 봐라" 라고 하시지 않고 가장 듣기 싫었던 "너희 나라는 바벨론에 의해 멸망당할 거야. 예루살렘도 무너질 거야" 라고 하는 답을 주셨습니다. 그래서 하나님 앞에 또 물었습니다. "그런데 왜 바벨론이에요? 우리가 바벨론보다 못한 게 뭐 있어요?" 라고 질문하고 나서 무엇을 했느냐 하면 기다렸다는 것입니다.

기다림이라고 하는 단어는 믿음을 기초로 한 단어입니다. 믿음이 없다고 한다면 기다릴 수 없습니다. 누군가를 기다린다고 했을 때 그 사람이 그 장소에 꼭 올 것이라는 것을 확신하기 때문에 기다릴 수 있는 것 아니겠습니까? 그것을 믿지 못한다면 기다릴 수 있겠습니까? 실컷 기다렸는데 한번 퇴짜 맞고 두 번 퇴짜 맞으면 세 번째도 기다릴 수 있을까요? 그것은 기다림이 아니라 객기일 것입니다.

제가 제 아내랑 결혼하기 전에 데이트할 때 일이 좋은 예화가 될 것 같습니다. 제가 신학대학원을 진학하고 나서 뒤늦게 군대를 갔습니다. 그 당시 제가 건강이 좋지 않았기 때문에 군대를 방위로 갔습니다. 그런데 참 미안하게도 군대를 가기 전에 지금의 아내에게 프로포즈를 하고 가게 되었습니다.

군대에 있을 때 아내가 너무 보고 싶었습니다. 하루에도 몇 번씩 전화를 하는데 하루에 5000원짜리 전화카드를 다 쓸 정도로 전화를 자주 했습니다. 전화로도 만족하지 못하니까 공휴일에 서울로 올라가서 아내를 보고 와야겠다는 결심을 하게 되었습니다. 방위는 위수지역이라고 해서 그 지역을 떠나면 헌병에게 잡혀 갑니다. 제가 제천에서 근무하고 있었기 때문에 제천지역을 이탈하면 안 되었습니다. 그런데 어떻게 합니까? 너무 보고 싶은데... 그래서 어느 겨울 공휴일에 제가 아내를 보러 서울을 올라간다고 약속을 하고 아침 일찍 모자를 쿡 눌러쓰고 사복을 차려 입고 버스를 탔습니다.

그때는 중앙 고속도로가 없어서 버스가 치악산을 넘어가야만 했습니다. 치악산 맨 꼭대기에 휴게소가 있었습니다. 아내가 너무 보고 싶은 마음에 아침 일찍 첫차를 타고 올라가는데 눈이 엄청 왔습니다. 그런데 이 차가 치악산 휴게소까지 올라가더니 기사가 승객들을 보고 다 내리라고 하는 겁니다. 눈이 너무 와서 길이 막혔기 때문에 차가 못 내려간다는 것이었습니다. 아내가 너무 보고 싶은데, 빨리 가야하는데 그래서 위험을 무릅쓰고 여기까지 왔는데 차가 못가겠다는 것입니다. 어떻게 합니까? 포기할 수 있나요?

저는 치악산 꼭대기에서 원주까지 밑으로 걸어서 내려가기 시작했습니다. 눈이 무릎까지 빠져들기 시작하는데 발이 막 빠지고 구르고 하면서, 치악산 위에서 맨 밑에까지 내려갔습니다. 떼굴떼굴 구르면서 찢기면서 내려갔습니다. 그렇게 힘들게 내려갔는데 차가 별로 없었습니다. 가까스로 손을 들어서 차 하나를 세웠습니다. 그 차 주인이 어디까지 가냐고 묻기에, 서울을 가야하는데 원주 시내까지만 데려달라고 했더니 그 사람이 자기도 서울까지 가는데 심심하니까 같이 가자며 저를 태워주셨습니다.

아내를 만나기로 약속한 방배동 맥도날드에 약속시간으로부터 3시간이 지나서야 도착했습니다. 제가 안가면 아내가 기다릴 테니까, 또 아내가 이미 가고 없다할지라도 아내가 저를 기다리던 그 자리를 보기만 해도 좋겠다는 마음으로 갔습니다. 그런데 3시간이 지났는데도 그 자리에서 조용히 책을 읽으며 기다려 주는 사람이 있었습니다. 아내였습니다. 제가 그 모습을 보는데 너무 감격스러워서 바로 들어가지 못하고 밖에서 물끄러미 아내를 쳐다보다가 들어갔습니다.

지금 저의 연예 스토리를 얘기 하는 것이 아닙니다. 기다림을 얘기하다가 이 얘기가 나온 것입니다. 아내가 저를 향해서 사랑하고 믿는 마음이 없었더라면 3시간이 지났는데도 그 자리를 지키고 있을 수 있었겠습니까? 저도 설사 그 사람이 기다리지 못하고 돌아갔을지라도 그 사람이 앉아있던 그 자리의 온기만이라도 느낄 수 있었으면 좋겠다라는 마음으로 갔습니다. 사실 아내가 없어도 상관없다는 마음으로 갔는데 아내가 그 자리에 있었습니다. 그때의 감격이라고 하는 것은 말로 표현하지 못합니다. 그래서 저는 '이 사람과 결혼해도 되겠구나, 확실하게 내 삶을 맡겨도 되겠구나.' 라고 생각했습니다. 내가 기다린다고 하는 것은 기다리는 존재에 대한 믿음이 있기 때문에 가능한 것입니다. 믿음이 없으면 기다릴 수 없습니다.

성루 파수하는 곳에서의 기다림

그런데 하박국은 어떤 상태에서 기다렸습니까? 하나님은 한번 말한 것은 바꾸실 수 없는 분인데, 그 하나님이 이스라엘이 멸망당한다는 것과 예루살렘이 파괴된다는 것을 가르쳐주셨는데도 불구하고 지금 기다립니다. 이 기다림은 하나님의 말씀을 바꾸기 위한 기다림이 아닙니다. 이 기다림은 "이 상황 속에서 하나님은 어떤 말씀으로 어떤 계획을 가지시고 우리 민족을 끌어가실까? 하나님의 뜻과 계획은 어디에 있습니까? 이 상황에서 우리는 무엇을 해야 합니까?" 라고 하는 하나님을 향한 구체적인 질문과 함께 한 기다림이었습니다.

여러분은 기다릴 줄 아는 분이십니까? 내가 3일을 금식했는데 1주일을 금식했는데 하나님 응답이 없으시면 실망하지 않습니까? 이 하박국 선지자는 자기가 원하는 대답을 듣지 못했음에도 불구하고 그 하나님에 대해서 절대적으로 기다릴 줄 아는 사람이었습니다.

그런데 어디서 기다렸다고 했습니까? 성루 파수하는 곳에서 기다렸다고 했습니다. 왜 하박국이 성루 파수하는 곳에서 기다렸을까요? 고대근동 당시에 성루 파수하는 곳은 굉장히 중요한 장소였습니다. 왜냐하면 이곳에서 주로 하는 일이 국경지대에서 다른 나라의 군대가 쳐들어오는 것을 감시하고 관찰하는 곳이었기 때문입니다. 그런데 지금 하박국이 그곳으로 올라갔다라고 하는 것입니다. 그곳에 올라가서 하나님의 응답을 기다렸다고 하는 것입니다. 이것은 하나님이 분명히 "이 나라가 망한다고 하셨으니 혹시 지금이라도 다른 나라의 군대가 쳐들어오지 않을까?" 하며 국경지대를 바라보면서 한편으로 하나님의 말씀을 들으려 한 것입니다.

어느 누구도 하나님의 말씀에 귀 기울이지 못하니까, 어느 누구도 그 하나님을 믿음으로 바라볼 수 있는 사람이 없기 때문에 이 하박국은 혼자서 성루 파수하는 곳으로 올라가 국경지대를 바라본 것입니다. 이것은 하박국이 하나님을 절대적으로 믿었다는 증거입니다. 하나님의 말씀은 반드시 이루어진다는 것을 믿었다는 것입니다. '지금 당장 이것이 이루어진다면 어떻게 해야 하나?' 라고 민족을 염려하는 마음으로, 또 한편으로는 하나님의 뜻이 어디에 있는지를 정확하게 알고자 하는 마음으로 성루 파수하는 곳으로 올라가 국경지대를 바라본 것입니다.

이런 하박국 선지자의 모습과 태도가 영원을 소유하고 사모하는 사람들이 가져야 할 모습과 태도라고 생각합니다. 세속의 논리에 매여 살아가는 사람들은 내 멋대로 살아갈 것입니다. 나라가 망한다고 하면 어차피 죽을 것이기 때문에 내가 한 달이라도 일 년이라도 내 멋대로 살아가면서 내가 하고 싶은 것을 하며 흥청망청 살아갈 것입니다. 이런 사람들은 세속에 매여 살아가는 사람들입니다.

그러나 하나님이 지금 당장 이 나라를 멸망시킨다고 할지라도 영원한 하나님의 기준이 내 안에 있기 때문에 그 영원성을 가지고 성루에 가서 이 나라를 지키면서 이 나라를 향한 하나님의 구체적인 뜻과 계획을 물으며 사는 것이 하나님의 자녀 된 삶입니다. 나의 이익을 구하지 않고 하나님의 뜻을 구하며, 이 민족의 운명을 위해 기도하는 것입니다. 저는 여러분들이 영원한 논리 안에 사로잡혀 하나님을 바라보고 살아가기를 원합니다. 한편으로는 이 민족과 내가 속한 공동체를 걱정하면서 하나님 앞에 부르짖는 하나님의 사람들이 되기를 바랍니다.

하박국 선지자가 이렇게 기다리면서 하나님의 음성을 들을 준비가 되어있었다는 것은 믿음에 기초한 것이라고 말씀드렸습니다. 저는 번지점프를 한 번도 안 해봤지만 군대에 가서 11m 높이에서 줄을 타고 내려오는 훈련을 한 적이 있습니다. 그런데 사람이 가장 두려움을 느끼는 높이가 11m라고 합니다. 조교가 사랑하는 사람의 이름을 부르면서 떨어지라고 하면 어떤 사람은 "영자야", "숙자야" 또 어떤 사람은 "주여" 하고 떨어지기도 했습니다. 번지점프를 생각한다고 하면 떨어지는 순간은 아찔하고 두려울 수 있습니다. 그런데 점프를 하고 한참 내려오다 보면 다시 올라갑니다. 묶여진 끈 때문에 그렇습니다. 이렇게 몇 번 내려갔다 올라왔다를 반복하고 나면 어느새 그것을 즐기고 있는 나를 발견하게 됩니다.

믿음이라고 하는 것은 이와 같은 것입니다. 지금 당장은 내가 죽는 것 같이 느껴지고 지금 당장은 여기에 소망이 없는 것 같아 보이지만 바닥을 치고 올라와서 그것을 누릴 수 있는 것 말입니다. 번지점프에서 떨어질 때는 두렵고 무서울 수 있습니다. 그런데 그 끈 때문에 한번 내려갔다가 올라오고 두 번 내려갔다가 올라오고 하다보면 나중엔 그것을 누리게 되는 것입니다. 저는 이 고난과 역경 속에서도 믿음으로 그것들을 누릴 수 있는 여러분들이 되기를 원합니다. 하나님께서 그 단계까지 저와 여러분들을 이끌어 가시기를 바랍니다.

기다림에 응답하시는 하나님

하박국 선지자가 기다렸습니다. 그런데 하나님이 그 기다림에 실망을 주시지 않고 하박국에게 말씀하십니다. "여호와께서 내게 대답하여 이르시되 너는 이 묵시를 기록하여 판에 명백히 새기되 달려가면서도 읽을 수 있게 하라 이 묵시는 정한 때가 있나니 그 종말이 속히 이르겠고 결코 거짓되지 아니하리라 비록 더딜지라도 기다리라 지체되지 않고 반드시 응하리라" 이 하나님의 대답은 크게 3가지로 볼 수 있습니다. 사람에 따라 여러 가지로 구분할 수 있겠지만 저는 3가지만 말씀드리겠습니다.

첫 번째, 하나님이 이 하박국에게 "내가 너에게 하는 대답을 판에 명백히 새겨라 어떤 사람이 달려가면서도 그것을 보고 알 수 있을 정도로 명백히 새겨라"라고 말씀하고 있습니다. 이것은 무엇을 의미합니까? 하나님은 이스라엘 백성을 용서하시거나 치료하시겠다고 말씀하시는 것이 아니라 하나님의 말씀을 남겨주겠다고 하는 것입니다. 예루살렘은 폐허가 되겠지만 하박국이 전한 말씀은 그 폐허 위에 남아서 그 말씀을 믿는 자들에게 궁극적으로 살아나는 삶을 주시겠다고 하는 것입니다. 이것이 하나님의 궁극적인 목표입니다. 그리고 하박국이 물었던 물음에 대한 하나님의 대답입니다.

하나님의 뜻은 예루살렘이 멸망당하지 않는 것이 아닙니다. 하나님의 뜻은 유다가 멸망당하지 않는 것이 아닙니다. 하나님의 뜻은 예루살렘과 유다 땅이 다 폐허가 된다고 할지라도 하나님의 말씀을 주셔서 그 폐허 위에 남아있는 자들을 말씀으로 다시 살리겠다고 하는 것이 하나님의 뜻이며 방법이었습니다.

인간적인 생각으로는 이해가 안 될 수 있습니다. '하나님, 꼭 그렇게 예루살렘과 유다를 폐허로 만드셔야 하겠습니까? 하나님 꼭 그렇게 무너뜨리셔야만 하겠습니까? 하나님 그렇게 다 죽이셔야만 되겠습니까?' 그러나 우리 인간의 힘과 지혜로는 그 하나님의 경륜과 뜻을 다 알 수 없습니다.

여기서 한 가지 정확하게 짚고 넘어가야 할 부분이 있습니다. 이스라엘의 멸망과 폐허는 이스라엘과 하나님이 인위적으로 허락하신 것이 아니라 이스라엘과 유다사람들의 죄로 인한 결과라는 것입니다. 하나님은 죄 없는 사람들에게 갑자기 벌을 내리시거나 힘들게 하시지 않으십니다. 그들이 하나님의 말씀을 알고도 거부했고, 하나님 앞에 기도하지 않았습니다. 그렇기에 그들이 영적으로 죽어가고 메말라서 뼈만 남게 된 것입니다. 그러나 우리는 우리의 죄는 바라보지 못하고 하나님을 원망하고 하나님이 잘못됐다고 비판합니다. 하나님의 분명한 뜻을 다 알 수는 없지만 한 가지 명확한 것은 남유다가 멸망당하는 것은 그 사람들의 죄 때문이라는 것입니다.

그런데 하나님은 그들이 자신들의 죄 때문에 멸망당하는 것으로 끝내지 아니하시고 그 민족을 궁극적으로 살릴 수 있는 방법을 주십니다. 그것이 바로 말씀입니다. "내가 너희에게 주는 말씀을 어느 누구라도 읽고 볼 수 있도록 큰 판에 단단히 새겨 놓아라." 라고 말씀하고 있습니다. 모든 것은 무너져도 하나님의 말씀은 영원히 남아 살아있을 수 있기 때문에 그렇습니다.

하나님의 말씀은 반드시 성취된다

두 번째, 하나님께서 하박국에게 가르쳐 주신 것은 하나님의 말씀은 반드시 성취된다고 하는 것입니다. 하나님의 때가 있다는 것입니다. 지금 당장 바벨론이라고 하는 적군을 막아주시지는 않는다 할지라도, 그리하여 예루살렘이 멸망당한다고 할지라도 지금이 마지막이 아니라는 것입니다. 포로생활은 끝날 때가 있다고 하는 것입니다. 지금 당장은 힘들지만 언젠가는 하나님이 약속하신 대로 너희 민족을 회복시키시고 들어 쓰시겠다고 하는 것입니다. "너는 큰 글씨로 이렇게 써라 그 때가 온다 하나님의 묵시가 이루어질 때가 온다. 그러므로 기다려라 더디게 느껴져도 기다려라" 라는 말입니다.

혹시 여러분들 가운데 예전에 기도를 열심히 하다가, 하나님 앞에 부르짖다가 하나님이 보여주신 계시가 있고 환상이 있고 꿈이 있었는데 그것이 이루어지지 않아서 실망하고 낙담한 사람이 있습니까? 그 꿈과 비전을 되찾으시기 바랍니다. 더디더라도 하나님께서 이루신다는 것을 믿으시기 바랍니다. 더디고 빠른 것은 하나님께 있지 우리에게 있지 않습니다.

그러면 어떻게 기다릴 수 있습니까? 우리가 세속의 논리에 매달려 있으면 기다릴 수 없습니다. 당장 잘 되어야 되는데 당장 먹고 살아야 되는데, 당장 내가 병이 나아야 되는데 어떻게 기다립니까? 그런데 우리 믿는 사람들은 세속의 논리에 의해 끌려 다니는 사람이 아니라는 것입니다. 우리 믿는 사람들은 영원한 논리를 바라보고 그 영원한 논리 안에서 달려가는 사람들이기 때문에 기다릴 수 있습니다. 당장 내 대에서 이루어지지 않는다고 할지라도 하나님은 내 후손의 대에서 이루실 것이라는 믿음을 가지고 기다리는 것입니다. 이런 믿음이 있는 자가 영원에 대한 소망을 가진 자입니다.

많은 사람들이 한국 기독교가 기복적이라고 이야기 합니다. 어떤 이들은 자신이 기복적 신앙을 가지고 있다는 것에 대해 인정하지 않지만 그들의 말과 삶을 보면 기복적 요소가 참 많은 것을 볼 수 있습니다. 하나님이 지금 당장 응답하시지 않으면, 하나님이 지금 당장 해결해 주시지 않으면 하나님을 떠나는 일들이 많이 있습니다. 그런데 어떻게 그 안에서 능력이 일어납니까? 어떻게 그 안에서 기적이 일어납니까? 하나님이 그 안에서 일하실 수 있을까요? 없습니다. 저는 여러분들에게 정말 부탁드리고 싶은 것이 있습니다. 영원의 논리를 붙잡으십시오. 우리의 목적지는 영원한 천국입니다. 이 땅이 아닙니다. 이 땅은 잠시 왔다가 가는 세상입니다.

오늘날 기독교가 2천년의 시간이 흘러왔어도 이렇게 역동적으로 기독교가 유지 될 수 있었던 이유는 초대교회 기독교인들이 자기 대에서 축복받지 못하고 자기 대에서 성공하지 못해도 영원한 논리를 부여잡고 피를 흘려가면서 믿음을 지키는 모습을 보여주었기 때문입니다. 그렇기에 2대, 3대, 4대가 흘러오면서 기독교가 더 견실해지고 견고해지며 영원한 논리 안에서 뿌리를 내릴 수 있었습니다. 그리고 세속의 논리가 아무리 유혹해 와도 흔들리지 않을 수 있었습니다.

여러분들은 후대에게 어떤 유산들을 물려주시겠습니까? 하나님이 지금 당장 응답하시지 않는다 할지라도 기다릴 수 있습니까? 세속적인 것은 응답되지 않아도 하나님은 그것을 뚫고 찾아오실 수 있습니다. 그리고 우리에게 소망을 주시고 기대감을 주시고 희망을 주시기 때문에 내가 부흥을 노래할 수 있는 것입니다. 수많은 상황 속에서도 하나님을 찬양할 수 있는 것입니다. 여러분, 이러한 축복을 하나님 앞에 구할 수 있기를 바랍니다. 주님은 언제든지 우리가 간구하면, 주님의 때에 주님의 방법으로 주실 줄 믿습니다.

하나님의 말씀을 인내하며 기다리라

세 번째로 하나님이 응답하실 때까지는 침묵의 시간이 있을 수 있다는 것을 가르쳐 주십니다. 우리가 구약성경을 들여다보면 한 주제에서 다른 주제로 넘어갈 때 침묵의 시간이 있다는 것을 알 수 있습니다. 그 침묵의 시간이 아주 중요합니다. 그 침묵의 시간은 앞서 느꼈던 감정을 정리하고 다음에 펼쳐질 주제를 기대하게 합니다. 그래서 새로 펼쳐질 주제가 중요할수록 침묵의 시간이 길어집니다. 그렇기 때문에 여러분 기대하십시오. 지금 내가 침묵의 시간 속에 있다고 한다면, 그리고 그 시간이 길어지고 있다고 한다면 하나님께서 침묵을 끝내시고 하실 일들이 엄청나다는 것을 의미하는 것입니다.

금방 응답되는 것은 누구든지 그 응답을 받고 하나님을 신뢰하며 나갈 수 있습니다. 그러나 그 응답이 더딜 때, 그 기다림이 길어질 때, 우리는 하나님 앞에서 온전한 믿음을 구사할 기회를 얻게 됩니다. 하나님께서 하박국 선지자를 통해서 우리에게 말씀해 주시는 것이 바로 그것입니다. 침묵의 시간이 길수록 하나님께서 행하실 일들이 크고 광대하십니다. 그 하나님을 기대하시기를 바랍니다.

그렇다면 이와 같은 침묵의 시간 속에서 우리가 해야 될 일이 무엇일까요? 본문 말씀에서 하나님은 그 침묵의 시간 속에서 악이 횡행하고 악인이 더 잘 산다고 느껴질 때, 하나님의 사람들이 해야 할 일들이 있다고 가르쳐 주십니다. 그것이 4절입니다. "그러나 의인은 그 믿음으로 말미암아 살리라" 하나님의 사람에게 하나님이 가르쳐 주시는 것이 있습니다. 하나님의 백성은 믿음으로 말미암아 사는데 그 믿음은 하나님을 믿는 것입니다. 하나님은 세속적인 왕이 아닙니다. 영원한 나라의 왕입니다. 영원한 나라의 주인입니다. 그런데 그 영원한 주인을 바라보지 못하기 때문에 믿음이 사라진 것입니다.

하나님이 명확하게 가르쳐주시는 것이 있습니다. 그것은 믿음으로 하나님의 자녀된 너희들이 믿음으로 말미암아 살아야 한다는 것입니다. 지금 내게 주어진 상황이 열악하고 힘들고 어려워도 이 상황을 뚫고 일하실 하나님을 믿는 믿음 안에서 사는 것이 하나님의 자녀다운 삶이라는 것입니다. 그래야 신앙이 흔들리지 않을 수 있습니다. 하나님이 지금 나에게 잠깐 어려움을 허락하셔도 신앙이 흔들리지 않을 수 있는 이유는 바로 하나님을 바라보는 믿음 때문입니다. 영원한 나라의 주인이신 하나님께서 일하실 것을 믿기 때문입니다. 지금 당장 해결되어지는 것은 없어도, 하나님이 나에게 더 큰 것을 주시기 위해서 기다림의 시간을 허락하셨다고 하는 것을 믿는다면, 내 마음이 평안할 수 있습니다.

여러분, 우리 하나님은 전능하신 하나님이십니다. 능치 못할 일이 없으신 하나님이십니다. 모든 일을 행하실 수 있는 하나님입니다. 그 하나님에 대한 믿음이 없기 때문에 흔들리는 것이 아닙니까? 믿음이 없으니까 이렇게 했다가 저렇게 했다가, 왔다 갔다 하는 것이 아닙니까? 결국 세속의 논리에 우리가 흔들린다고 한다면 하나님의 자녀나 세상적인 사람이나 다를 바가 뭐가 있겠습니까?

히브리서 11장은 흔히 믿음의 장이라 불립니다. 믿음은 바라는 것들의 실상이요 보지 못하는 것들의 증거라고 했습니다. 보이는 것을 믿는 것이 아닙니다. 보이지 않지만 일하실 하나님을 믿는 것입니다. 하나님이 지금 자기 백성들에게 그것을 가르쳐 주고 계신 것입니다. 눈에 볼 수 있는 것을 믿지 못할 사람이 누가 있습니까? 내 손에 잡혀지고 만져지는 것을 믿지 못할 사람이 누가 있습니까? 믿음이라고 하는 것은 눈에 보이고 잡혀지고 느껴지는 것을 믿는 것이 아니라, 내 눈에 하나도 보이지 않고 잡혀지지 않고 만져지지 않는다고 할지라도 "하나님은 신실하시며 전능하신 하나님이시기 때문에 반드시 내게 일하실 것이다. 그리고 나를 당신의 뜻대로 이끌어 가실 것이다. 하나님의 뜻은 반드시 이루어 질 것이다." 라고 하는 믿음입니다. 하나님은 지금 그 상황 속에서 하박국 선지자에게 이 믿음에 관한 것을 가르쳐 주고 계십니다. 여러분 왜 내 마음속에 짜증이 나고 평안이 없고, 왜 내 마음속에 기쁨이 없습니까? 그것은 하나님에 대한 절대적인 믿음이 없기 때문입니다. 그 믿음이 있기만 한다면 우리는 흔들리지 않을 수 있습니다.

부흥의 표지가 되는 절대적인 평안

찬송가 413장의 작사자 스파포드(H. G. Spafford)라는 사람은 시카고의 대 화재가 일어났을 때에 그 화재로 인해 자신의 전 재산을 다 잃어버린 사람이었습니다. 신앙이 있는데 예수를 잘 믿었는데 그 화재 속에서 전 재산을 날려버렸을 때, 얼마나 마음이 힘들고 어려웠겠습니까? '정말 하나님이 살아계실까? 하나님이 살아계신다면 왜 나를 보호하시지 않지? 하나님이 살아계신다면 왜 나를 힘들고 어렵게 하시지?' 이렇게 생각할 수 있을 것입니다. 그가 이 상황 속에서 가족을 위로하기 위해 아내와 네 명의 딸을 유럽으로 여행을 보냈습니다. 자신도 함께 하고 싶었지만 그 화재로 말미암아 무디 목사님의 교회도 불타버렸기 때문에 그 교회를 재건하는 것을 도와주려 남았습니다. 나중에 합류할 것을 약속하고 먼저 가족들을 보냈습니다.

그런데 청천벽력 같은 소식이 들려왔습니다. 가족을 태운 배가 사고가 나서 네 딸이 모두 죽은 것입니다. 이런 것을 엎친 데 덮친 격이라고 합니다. '재산도 다 날려버리고 자녀도 다 잃어버리고 하나님 도대체 나보고 어떻게 살아가라고 하는 겁니까?' 하면서 그 자리에 앉아 넋 놓아 울어버릴 수 있었을 것입니다. 인간이기 때문에 힘들고 어려워서 그가 그 어려운 마음을 가지고 하나님 앞에 항변했을 것입니다. 그런데 그렇게 무릎을 꿇고 기도하는 가운데 성령님께서 임재하기 시작하시고 만져주기 시작했습니다. 그때에 그 임재가운데 썼던 가사가 바로 찬송가 413장 "내 평생에 가는 길"입니다.

"내 평생에 가는 길 순탄하여 늘 잔잔한 강 같든지 큰 풍파로 무섭고 어렵든지 나의 영혼은 늘 편하다. 내 영혼 평안해 내 영혼 내 영혼 평안해."

성령이 임재하시고 기름 부으시자 그가 깨달은 것이 있었습니다. 그것은 바로 하나님이 내 영혼을 평안케 해 주시는 분이라는 것입니다. 비록 재산을 다 잃어버렸어도 하나님이 허락하시면 다시 얻을 수 있지 않겠습니까? 비록 자녀를 다 잃었어도 하나님 믿는 자녀라면 천국에서 다시 만날 수 있지 않겠습니까? 그런데 감사한 것은 내가 가진 모든 것을 다 잃어버린 것 같았는데 성령이 임재 하셔서 느끼게 하시는 것이 있었습니다. 그것은 내 영혼이 하나님 앞에 평안해 지는 것입니다. 어떤 상황 속에서도 흔들림 없는 구원의 확신을 가지고 그 하나님의 잔잔한 임재 가운데 평안을 누리게 하시는 것입니다.

이 세상은 나그네와 같이 한번 왔다가 한번 가는데 내가 세상에 관심을 두고 세상에 내 모든 것의 기준이 있다고 한다면, 내 멋대로 살아갈 수밖에 없지만 나는 영원을 소망하고 그 영원을 향해 달려갈 자 아닙니까? 단지 돈이 없어졌다고 하나님이 내 가족을 데려가셨다고 내가 여기서 넋 놓고 있을 수 있냐는 것입니다. 그 속에서 부흥의 찬양이 나옵니다. '하나님 내 마음에 평안함을 주셔서 감사합니다. 하나님 내 영혼에 평온함을 주시니 감사합니다.' 이러한 감사의 찬양이 내 속에서 흘러나옵니다. 여러분, 이렇게 신앙생활을 합시다. 이 땅을 살아가면서 당장 어려움이 있고 당장 힘든 일이 있고 당장 괴로운 일이 있어도 하나님이 주시는 평안 가운데에서 살아가는 사람이 진정한 그리스도인 아니겠습니까? 없는 것을 다시 생기게 하시는 분도 하나님이십니다. 자녀들을 먼저 천국에 데려가셨다 할지라도 나중에 천국에 가면 만날 수 있지 않습니까?

우리가 인생의 밑바닥에서 부흥을 노래할 때, 그 노래가 참된 부흥의 노래일 것입니다. 모든 것을 다 잃어도 그 속에서 내 영혼에 평안함을 주시는 하나님께 감사하는 것입니다. 하나님이 주시는 기쁨은 상황에 의해서 좌지우지 되는 기쁨이 아닙니다. 하나님이 주시는 감사와 평안은 환경에 따라서 바뀌어 지는 것이 아닙니다. 상황과 환경에 상관없이 어떠한 곳에 있다 할지라도 지속적으로 누릴 수 있고 경험할 수 있는 것이 하나님의 은혜입니다.

어떤 선교사님의 이런 고백을 들었습니다. 회교권 지역에서 복음을 전하다가 잡힌 것입니다. 그들은 그 선교사님을 바로 추방시키지 않고 한 평도 안 되는 감방에 움직이지 못하도록 가두어놓고 심문을 했습니다. 처음에는 답답하고 죽을 것 같아서 그곳에서 막 소리쳤다고 합니다. 그런데 그때 그 선교사님의 마음 안에 '네가 선교사냐? 이곳에서 답답하다고 소리 지르기 이전에 하나님 앞에 기도해야하지 않냐?' 는 생각이 들었다고 합니다. 그래서 그 안에서 찬양하기 시작했습니다. 기도하기 시작했습니다. 그런데 어디선가 밀물 듯이 밀려오는 감동과 감격을 경험하기 시작했습니다. 그 한 평도 안 되는 곳에서, 몸을 움직일 수도 없는 답답한 감옥 안에서 이 선교사님이 자유함을 누리게 된 것입니다. 선교사님은 그 곳에서 지속적으로 찬양하며 하나님을 예배했다고 합니다.

그랬더니 그를 가두어놓았던 사람들이 이 선교사가 좀 이상해졌다며 며칠이 되지 않아 석방을 해 주더라는 것입니다. 선교사님은 석방되어서 기쁜 것이 아니라 그 상황 속에서도 하나님 앞에 찬양 드릴 수 있었다는 것에 감사했다고 합니다. 그리고 그 여건 속에서도 하나님 앞에 감사할 수 있었다는 것이 자신에게 얼마나 큰 고백이었는지를 다른 믿는 자들에게 간증하였는데 많은 사람들이 울었다고 합니다.

여러분, 내 안에 짜증이 있다고 하는 것, 내 안에 기쁨이 없다고 하는 것은 내가 세속적인 것에 더 관심이 많다는 것에 대한 반증은 아닐까요? 우리가 영원을 사랑한다면 그 영원을 바라본다면 상황과 여건에 상관없이 찾아오시는 주님의 임재를 누리며 기뻐할 수 있어야 합니다.

일제시대 때, 주기철 목사님이 그렇게 핍박과 고문을 당하고 일본 순사에게 어려움을 당하다가 결국은 그 순사들이 풀어줬다고 합니다. 그리고 집에 갔는데 사모님이 기쁘게 맞아주지 않고 당신이 있어야 될 곳에서 하나님이 원하시는 순교를 하라고 집에 들여보내주지 않았다고 합니다. 여러분, 인간적으로 따지면 얼마나 서글픈 일입니까? 얼마나 가슴 아픈 일입니까? 그러나 주기철 목사님은 그 길로 자진해서 형무소로 걸어갔습니다. 그리고 나라와 교회를 위해서 기도했고 순교하셨습니다. 영원에 대한 소망이 없다고 한다면, 그 영원에 대한 기대감이 없다고 한다면 그 일들이 가능할 수 있었겠습니까? 어떻게 자신의 남편을 박대할 수 있었겠습니까? 아내가 박대한다고 다시 형무소로 돌아가 죽을 수 있었겠습니까? 이것이 기독교의 힘입니다. 이것이 예수 믿는 신앙의 능력입니다.

오늘날 한국교회의 성도들에게 필요한 것이 바로 이것입니다. 세속적인 신앙이 아니라, 이 영원한 진리를 마음속에 담아 영원을 바라보며 문제와 상황에 상관없이 그 하나님의 임재를 경험하고 하나님의 찾아오심과 기름 부으심을 경험하며 그 속에서 하나님을 찬양하는 일입니다. 바로 이 사람이 영적인 거장입니다. 이 땅의 상황이 좋던지 나쁘던지 상관하지 않고, 지속적으로 하나님 앞에 나아가 무릎 꿇고 주님을 만나는 사람들 말입니다.

오직 의인은 믿음으로 말미암아 살리라

하나님이 하박국 선지자에게 가르쳐 주신 것이 바로 이것입니다. "오직 의인은 믿음으로 말미암아 살리라." 그 하나님에 대한 믿음이 있다면 내가 가진 모든 것이 다 빼앗겨진다 하더라도 "하나님, 내 영혼에 평안함이 있어서 감사합니다." 라고 찬양할 수 있습니다. 문제는 금방 왔다가 금방 해결되어지고 잊혀 질 수 있지만 그 속에서 부른 이 부흥의 찬양들은 오늘까지도 남아 있어 지금도 불리고 있습니다. 뿐만 아니라 찬양을 부르는 많은 사람들에게 도전을 주는 놀라운 가사가 되고 있지 않습니까?

여러분이 가지고 있는 믿음은 무엇에 대한 믿음입니까? 하나님이 나를 더 하나님의 사람으로 이끌고 가실 것이라고 하는 믿음, 지금은 어렵지만 이 어려움 속에서도 하나님께서 이 어려움을 해결해 주실 것이라는 믿음, 설사 하나님께서 해결해 주시지 않는다고 할지라도 그 속에서 나를 강건하게 하시고 하나님의 사람, 영적인 거장으로 다듬어 가실 것이라고 하는 믿음, 그리고 하나님은 어떤 환경과 여건 속에서도 하나님의 일을 하고 계신다고 하는 믿음, 이러한 믿음이 하나님이 기뻐하시는 진정한 믿음의 모양입니다.

그래서 로마서 1장 16절에 보면 바울 사도가 이 하박국 선지자의 말을 인용해서 이렇게 말합니다. "믿음에서 믿음으로 이른다." 하나의 믿음을 구사하면 더 큰 믿음을 구사하게 되는 동력이 되는 것입니다. 이 믿음이 있는 자는 어떤 환경 속에서도 부흥을 노래할 수 있습니다. 하나님을 찬양할 수 있습니다. 여러분들께서 이러한 부흥의 찬양을 부를 수 있기를 원합니다.

여러분, 모든 상황 속에서 주를 바라봅시다. 나의 상급이 되시는 주님, 나의 도움이 되시는 주님, 그 주님을 바라봅시다. 나의 영혼을 주님께로 확정시킴으로 믿음의 눈을 들어 주를 바라봅시다. 그렇게 주님을 바라보며 찬양할 때 우리에게 하나님의 나라, 그 평강과 희락이 임할 것입니다. 그 누구도 빼앗지 못할 그 평강과 희락이 우리에게 임할 것입니다. 그리고 지속적으로 그 영원한 하나님의 나라를 맛보게 하실 것입니다. 믿음으로 주를 바라보며 하나님의 하나님 되심을 선포합시다. 이것이 우리가 그리스도인으로서 이 땅을 살아가면서 지속적으로 불러야 할 부흥의 노래입니다.

CHAPTER 6.
부흥을 노래하라!

느헤미야 8:1-10

1 이스라엘 자손이 자기들의 성읍에 거주하였더니 일곱째 달에 이르러 모든 백성이 일제히 수문 앞 광장에 모여 학사 에스라에게 여호와께서 이스라엘에게 명령하신 모세의 율법책을 가져오기를 청하매
2 일곱째 달 초하루에 제사장 에스라가 율법책을 가지고 회중 앞 곧 남자나 여자나 알아들을 만한 모든 사람 앞에 이르러
3 수문 앞 광장에서 새벽부터 정오까지 남자나 여자나 알아들을 만한 모든 사람 앞에서 읽으매 뭇 백성이 그 율법책에 귀를 기울였는데
4 그 때에 학사 에스라가 특별히 지은 나무 강단에 서고 그의 곁 오른쪽에 선 자는 맛디댜와 스마와 아나야와 우리야와 힐기야와 마아세야요 그의 왼쪽에 선 자는 브다야와 미사엘과 말기야와 하숨과 하스밧다나와 스가랴와 므술람이라
5 에스라가 모든 백성 위에 서서 그들 목전에 책을 펴니 책을 펼 때에 모든 백성이 일어서니라
6 에스라가 위대하신 하나님 여호와를 송축하매 모든 백성이 손을 들고 아멘 아멘 하고 응답하고 몸을 굽혀 얼굴을 땅에 대고 여호와께 경배하니라
7 예수아와 바니와 세레뱌와 야민과 악굽과 사브대와 호디야와 마아세야와 그리다와 아사랴와 요사밧과 하난과 블라야와 레위 사람들은 백성이 제자리에 서 있는 동안 그들에게 율법을 깨닫게 하였는데

8 하나님의 율법책을 낭독하고 그 뜻을 해석하여 백성에게 그 낭독하는 것을 다 깨닫게 하니
9 백성이 율법의 말씀을 듣고 다 우는지라 총독 느헤미야와 제사장 겸 학사 에스라와 백성을 가르치는 레위 사람들이 모든 백성에게 이르기를 오늘은 너희 하나님 여호와의 성일이니 슬퍼하지 말며 울지 말라 하고
10 느헤미야가 또 그들에게 이르기를 너희는 가서 살진 것을 먹고 단 것을 마시되 준비하지 못한 자에게는 나누어 주라 이 날은 우리 주의 성일이니 근심하지 말라 여호와로 인하여 기뻐하는 것이 너희의 힘이니라 하고

하박국 3:16-19

16 내가 들었으므로 내 창자가 흔들렸고 그 목소리로 말미암아 내 입술이 떨렸도다. 무리가 우리를 치러 올라오는 환난 날을 내가 기다리므로 썩이는 것이 내 뼈에 들어왔으며 내 몸은 내 처소에서 떨리는도다.
17 비록 무화과나무가 무성하지 못하며 포도나무에 열매가 없으며 감람나무에 소출이 없으며 밭에 먹을 것이 없으며 우리에 양이 없으며 외양간에 소가 없을지라도
18 나는 여호와로 말미암아 즐거워하며 나의 구원의 하나님으로 말미암아 기뻐하리로다.
19 주 여호와는 나의 힘이시라 나의 발을 사슴과 같게 하사 나를 나의 높은 곳으로 다니게 하시리로다. 이 노래는 지휘하는 사람을 위하여 내 수금에 맞춘 것이니라.

부흥을 노래할 수 있는 사람들은 하나님의 비전을 본 자들입니다. 하나님의 비전을 본 자는 그 계시 안에서 내가 얼마나 죄인인지 내가 얼마나 연약하고 허물이 많은 자인지 깨닫게 됩니다. 그래서 자신의

모든 죄들을 자복하고 회개하게 됩니다. 죄를 통회하고 자복하는 가운데 회복시키시는 하나님으로 인해 감사해서 노래가 나오는 것입니다. 이것이 바로 부흥의 노래입니다.

회개로 시작되는 부흥의 운동

1907년, 장대현 교회 길선주 장로님에 관한 이야기를 아십니까? 길선주 장로님은 어느 집회시간에 은혜를 받고 사람들 앞에서 공개적으로 회개하기 시작했다고 합니다. "나는 나쁜 사람입니다. 친구가 죽어가면서 맡긴 돈을 친구 부인에게 주지 않고 내 멋대로 써버렸습니다." 라는 내용의 회개였습니다.

그 당시 길선주 장로님이 장대현 교회의 재정을 맡고 있는 회계 장로였기 때문에 이 고백은 교회 안에서 매우 큰 충격이었습니다. 그런데 바로 그 일을 기점으로 많은 사람들이 너도 나도 회개하기 시작했다고 합니다. 피난을 가면서 아이들을 데려가기 너무 힘드니까 아이들을 나무에 비비면서 죽여 버린 사람이 있었습니다. 성령이 역사하시니까 그것이 죄라는 것을 깨닫게 된 것입니다. 그녀는 "하나님 저는 못된 어미입니다. 하나님 이런 저도 용서하실 수 있습니까?" 하면서 회개했다고 합니다. 또 옆에서는 "하나님 나는 선교사님의 돈 50전을 떼먹은 사람입니다. 이런 저도 용서하실 수 있습니까?" 하면서 회개했다고 합니다. 장대현 교회에 부흥이 일어난 것입니다

1907년도에 기록된 기독교 문헌들을 보면 첩을 둔 남자들이 성령의 임재를 경험하면서 회개하기 시작했다고 나옵니다. "하나님 제가 첩을 두었었습니다. 제가 하나님이 기뻐하시지 않는 일들을 했습니다." 성령이 임하시자 그 사람들이 그 자리에서 떼굴떼굴 구르면서 토설하듯이 모든 죄들을 다 내뱉었다고 합니다. 어릴 때 무엇을 하나 훔쳐 먹었던 것, 누군가에게 음욕을 품었던 것 그리고 시험을 치를 때 커닝을 했던 것까지 모두 다 고백했다고 합니다. 그러고 나서는 부흥을 경험하고 천사처럼 훨훨 날아가는 듯이 기뻐하면서 돌아갔다고 합니다. 이것이 1907년도에 일어났던 부흥의 핵심이었습니다.

부흥을 노래하게 하는 원동력 - 비전과 믿음

부흥이라는 것이 무엇입니까? 다시 일어나는 것이 부흥입니다. 한문으로 보더라도 '다시 부', '일어날 흥'입니다. 영어로도 보면 revival = re와 vive의 합성어로 접두어 re는 '다시'라는 의미를 가지고 어근 vive는 '생명(life)'의 뜻을 가집니다. 즉, 생명을 불어 넣어 주어 다시 살리는 것이 부흥이라는 단어의 뜻인 것입니다. 그래서 이 부흥과 전도는 떨어질 수 없는 관계에 있습니다. 왜냐하면 전도라는 것이 사람을 교회로 데리고 오는 것이 아니라 하나님을 떠나 죽어가는 영혼에게 복음을 전해서 생명을 다시 불어넣어주고 살리는 것이기 때문에 그렇습니다. 그러한 차원에서 부흥의 노래를 부르기 위해서는 먼저 영혼이 살아나는 부흥을 경험해야 합니다.

지난 장에서 마른 뼈와 같은 우리를 살릴 수 있는 방법이 무엇인지에 대하여 나누었습니다. 에스겔 37장을 보면서 1-3절은 이스라엘 백성에 대한 영적인 진단이고, 4-10절은 하나님의 처방이라고 했습니다. 이스라엘의 영적인 진단 결과는 마른 뼈라는 것이었습니다. 그것은 이스라엘 백성들이 도저히 가망이 없는 절대적인 포기의 상태를 상징한다고 하였습니다. 인간은 자기에게 절대적인 희망이 없다는 것을 깨달았을 때에야 비로소 하나님을 바라보는 경향이 있습니다. 아직 내가 기댈 수 있는 돈이 있고, 관계가 있고, 줄이 있으면 우리는 하나님을 전적으로 신뢰하지 않습니다. 적어도 메마른 뼈와 같이 앙상하게 남아 있어야, 자기 힘으로 도저히 할 수 없는 상황들이 되어야 그 속에서 하나님을 바라본다는 것입니다.

이전 장에서 여러분의 삶이 혹여나 밑바닥과 같은 상황에 있다고 여겨질지라도 걱정하지 말라고 말씀드렸습니다. 하나님은 메마른 뼈와 같은 여러분들을 살리시기 원하십니다. 하나님은 여러분들을 부흥시키시기 원하십니다. 그래서 하나님의 은혜로, 하나님의 방법으로 다시 살아날 수 있는 가능성에 대해 말씀드렸습니다. 영적인 밑바닥에서 하나님의 신에 이끌려 하나님의 비전을 바라본 사람이 에스겔입니다. 에스겔은 그 상황 속에서도 하나님이 보여주신 비전 때문에 하나님의 권능 안에서 부흥을 노래할 수 있었던 것입니다.

구약성경은 부흥에 관한 것들로 가득 차 있습니다. 그러나 하나님이 사람들을 부흥시켜놓아도 그 부흥이 오랫동안 유지되지 못하는 것을 종종 보게 됩니다. 사사기를 보면 7번 타락과 7번 회복이라는 서클이 돌아갑니다. 완전한 타락과 완전한 회복이 사사기의 주제입니다. 우리가 부흥을 경험했다고 할지라도 이 부흥을 유지하지 못해서 또 밑바닥으로 떨어질 수도 있습니다. 그리고 신앙과 받은 은혜가 점점 식어져 가면서 세상이 보이고 물질이 보이고 다른 사람들이 보이기 시작합니다. 그때에 하나님의 비전을 발견하기란 쉬운 일이 아닙니다.

그렇다면 하나님이 주신 비전을 보지 못하면 부흥의 노래를 부르지 못하나요? 그렇지 않습니다. 하나님의 비전을 보지 못할 때에도 우리가 하나님 앞에서 부흥을 노래할 수 있습니다. 그 근거는 하나님에 대한 믿음입니다. 이 믿음은 영원에 대한 소망을 두고 목표점을 향해 달려가는 사람들이 갖고 품을 수 있는 믿음을 의미합니다. 그 믿음이 있을 때 우리는 상황과 상관없이, 여건에 상관없이, 어떠한 관계적인 문제와는 상관없이 하나님을 찬양하고 노래할 수 있습니다.

하나님은 우리를 통해서 부흥의 노래를 듣기 원하십니다. 그 부흥은 내 문제가 해결되어지고 내가 걱정하는 모든 것들이 다 사라지는 것을 의미하는 것은 아닙니다. 부흥의 노래는 상황과 여건이 바뀌어지지 않아도 성령의 감동되어진다면 부를 수 있는 노래입니다. 그 속에서 영원한 하나님에 대한 믿음을 가질 때 부를 수 있는 노래가 부흥의 노래입니다. 부흥의 노래는 주어진 자리에서 진정한 부흥을 경험한 자들이 하나님 앞에서 올려드릴 수 있는 노래인 것입니다.

격식을 뛰어넘는 부흥의 노래

느헤미야가 무너진 성벽을 재건한 사람이라면 에스라는 무너진 마음을 재건한 사람입니다. 에스라는 무너진 사람들의 마음을 말씀으로 다시 재건합니다. 백성들을 모아놓고 그들에게 하나님의 말씀을 선포하고 낭독하는데 성령이 임하셨습니다. 그리고 그들이 그 말씀을 들으며 울기 시작합니다. 그리고 각가지 부흥의 노래들을 부릅니다.

느헤미야 구절에 나오는 부흥의 노래는 격식이 없는 노래입니다. 옛날 어르신들은 악보가 필요 없었습니다. 악보 없이 가사만 쓰여진 찬송가를 부르셨습니다. 악보가 있어도 무조건 음은 같습니다. 그런데도 하나님이 그 찬양을 기쁘게 받으십니다. 그 가운데 눈물을 주시고 은혜를 주시고 회복을 주셨습니다. 부흥을 노래하는 것은 노래를 잘하는 사람들만 할 수 있는 것이 아닙니다. 시편 126편은 이스라엘 백성들이 바벨론 포로에서 돌아와 그들의 마음을 하나님께 표현한 시입니다.

1 여호와께서 시온의 포로를 돌려보내실 때에 우리는 꿈꾸는 것 같았도다
2 그 때에 우리 입에는 웃음이 가득하고 우리 혀에는 찬양이 찼었도다 그 때에 뭇 나라 가운데에서 말하기를 여호와께서 그들을 위하여 큰일을 행하셨다 하였도다
3 여호와께서 우리를 위하여 큰일을 행하셨으니 우리는 기쁘도다.

4 여호와여 우리의 포로를 남방 시내들 같이 돌려보내소서.
5 눈물을 흘리며 씨를 뿌리는 자는 기쁨으로 거두리로다.
6 울며 씨를 뿌리러 나가는 자는 반드시 기쁨으로 그 곡식 단을 가지고 돌아오리로다.

 이 시는 굉장한 복음적인 내용을 담고 있습니다. 이스라엘 백성들이 바벨론 포로로 있을 때에는 언제 고향으로 돌아 갈 수 있을지에 대해서만 생각했었습니다. 그리고 드디어 하나님께서 고레스 왕을 통해 그들에게 해방을 주셨습니다. 아마도 그들은 '할렐루야' 하면서 돌아왔을 것입니다. 이방나라들이 생각할 때에 도저히 일어날 수 없는 일이 일어난 것입니다.
 그런데 막상 돌아오니 자신들의 땅이 폐허가 되어버린 것입니다. 포로로 지낼 때에는 돌아가기만 원했습니다. 그런데 막상 돌아와 보니까 먹고 살 것이 없고 예루살렘성도 다 무너져 있었고 모든 것이 다 폐허가 되어 있었습니다. 도대체 어떻게 살아야할지 막막하기만 합니다. 그래서 그들이 그 자리에서 넋 놓고 웁니다. 그러나 시편 기자는 이들에게 눈물만 흘리지 말라고 합니다. 울면서 씨를 뿌리라는 것입니다. 복음의 씨앗을 뿌려야 후손들이 다시 일어나서 재건하고 살아갈 것이기 때문입니다.
 제가 이 시편을 살펴본 이유가 있습니다. 지금 이 본문의 상황과 일맥상통하기 때문에 그렇습니다. 이스라엘 백성이 바벨론 포로에서 돌아왔습니다. 돌아와 보니 폐허가 되어있습니다. 정말 막막해서 어디서부터 손을 대어야 할지 난감하기만 합니다. 그런데 그 때 에스라가 사람들을 성문 앞으로 모이게 합니다. 그리고 그들이 오랫동안 듣지 못했던 하나님의 말씀들을 낭독합니다. 그런데 그 속에서 성령이 임재하시자 어떤 사람들은 엎드리고 어떤 사람들은 손을 높이 들고 어떤 사람들은 아멘으로 화답하면서 하나님 앞에 찬양하기 시작합니다. 그들이 풍족해서 찬양하는 것이 아닙니다. 돌아와 보니까 먹고 살만해서 찬양한 것도 아닙니다. 돌아와 보니 정말 막막합니다. 그런데 그들이 성령님의 임재로 인해 찬양하게 된 것입니다.

하나님은 육신적인 집과 육신적인 모든 것들을 먼저 세우기를 원치 않으셨습니다. 왜냐하면 그들이 그렇게 멸망당할 수밖에 없었던 것은 영적인 마음 밭이 무너졌기 때문입니다. 그래서 에스라를 통해서 그 무너진 영적인 마음 밭을 세우게 하십니다. 하나님에게는 이스라엘 백성들의 메마른 마음 밭을 기경하는 것이 먼저였습니다. 그들의 영적인 마음 밭이 부드러워지자 그들의 입에서 찬양이 나오기 시작합니다. 내 상황이 어렵고 힘들고 문제는 하나도 해결되지 않았다 할지라도 그 하나님의 임재 속에서 무너졌던 내 마음이 다시 세워집니다. 그리고 이로 인해 하나님을 찬양할 수 있게 되는 것입니다.

우리가 살펴 본 본문 중 느헤미야서는 형식이 없는 부흥의 노래입니다. 반면에 하박국서에서 나오는 부흥의 노래는 "영장에 맞추어 수금에 탄 노래"라 덧붙여져 있습니다. 수금을 타면서 격식이 맞추어 불리어진 노래라는 것입니다. 부흥의 노래는 격식이 없는 부흥의 노래와 격식이 있는 부흥의 노래로 구분할 수 있습니다. 이 두 가지는 격식이 있느냐 없느냐의 차이점도 있지만 공통점도 있습니다. 그것은 바로 언약입니다. 언약을 기억하며 노래한다는 것입니다. "주님, 당신은 나의 하나님이십니다. 주님, 당신은 나의 여호와이십니다. 주님, 당신이 나의 왕이십니다." 이렇게 주님을 계속적으로 높여드리는 것입니다.

우리는 앞서서 에스겔서를 통해 하나님께서 당신의 백성들에게 원하셨던 궁극적인 것이 무엇인지 살펴보았습니다. 하나님이 하나님의 군대를 만드시고 그들에게 원하셨던 것은 하나님이 여호와인줄 알게 하려 함이었습니다. 이것이 하나님의 바람입니다. 우리의 입을 열어서 우리의 몸으로 우리의 모든 것을 가지고 그 하나님의 광대하심과 그 하나님의 전능하심을 선포하기를 원하십니다. 그 분은 우리가 격식이 있든지 없든지 하나님을 향한 진정한 찬양을 원하십니다. 그런데 하나님을 찬양하는 것은 말로만 할 수 있는 것이 아닙니다. 몸으로 표현할 수 있습니다. 꼭 말로만 해야 한다면 말을 못하시는 분들은 부흥의 노래를 부르지 못하게 되기 때문입니다. 하나님의 위대하심과 광대하심을 우리의 입술로만이 아니라 몸을 통해서도 선포할 수 있는 것입니다.

노래는 가사(words)와 곡조(melody)로 구성되어 있습니다. 곡은 한 곡조로 되어 있다고 하더라도 노래에는 반드시 가사와 곡이 있습니다. 이 가사와 곡이 격식이 없는 부흥의 노래 안에도 있다는 것입니다. 성경에 보면 자신의 삶 속에 개입하시는 하나님에 대한 경험으로 고백하는 찬양이 있습니다. 그래서 이 부흥의 노래의 가사는 다분히 부흥을 경험한 사람들의 고백으로 지어진 것입니다. 그런데 또 가사가 될 수 있는 것이 있습니다. 우리가 입을 열어서 하나님에 대한 경험을 고백할 수도 있지만 어떤 경우에는 경험이 없어 고백을 못할 수도 있습니다. 또 어떤 경우는 자신의 신앙을 함축적으로 고백할 수도 있습니다. 그러므로 고백을 못하거나 함축적으로 고백할 때, 그것도 하나님 앞에 가사가 될 수 있습니다.

몸으로 그 가사를 표현할 수도 있습니다. 그래서 어떤 사람은 찬양을 부르다가 갑자기 넙죽 엎드립니다. 그것은 "하나님, 내가 당신에게 굴복합니다." 라는 가사입니다. 어떤 사람은 벌떡 일어나 손을 높이 듭니다. 이것은 "하나님, 나는 당신을 경배하고 찬양합니다." 라는 가사입니다. 또 어떤 사람은 그 자리에서 무릎을 꿇습니다. "하나님, 이제껏 제가 높아만 지려했습니다. 그러나 당신이 높은 자입니다. 나는 낮은 자입니다" 라는 고백을 몸으로 보여드리는 것입니다.

부흥의 노래의 가사는 항상 부흥에 대한 고백의 내용만을 의미하는 것이 아니라 우리의 몸을 통해서 표현되는 것으로도 올려드릴 수 있습니다. 그래서 부흥의 노래 가사는 부흥에 대한 고백과 더불어 우리의 몸으로 그리고 우리가 가지고 있는 모든 표현으로 하나님 앞에 올려드릴 수 있는 것입니다.

그렇다면 부흥의 노래의 곡조는 무엇입니까? 격식이 없는 부흥의 노래 안에서 곡조는 무엇입니까? 이것은 부흥을 경험한 자들의 입에서 나온 모든 소리와 모든 리듬이라고 말할 수 있습니다. 제가 훈련시키는 서울신대 기노스코 동아리에서 예배를 드리는데, 예배팀이 찬양을 끌어가고 제가 말씀을 선포하고 깊게 기도하는 시간을 갖습니다.

그렇게 말씀을 선포하고 기도에 들어갈 때 하나님께서 깊게 끌고 들어가시면 우리가 그동안 부르지 못했던 영의 찬양을 드리는 경우도 있습니다.

처음 예배에 참석한 한 학생이 와서 동영상 촬영을 하기 시작하였습니다. 왜 그런가 알아봤더니 그 친구는 음악을 전공하는 친구였는데 예배 중에 전혀 연습 없이 갑자기 여기저기서 음이 나오는데 기가 막힌 하모니가 이뤄지는 것에 놀랐다는 것입니다. 의도적으로 부르는 노래가 아니라 성령이 깊게 임하실 때 부흥의 노래를 부를 수 있다는 것입니다. 악보가 없는데도 하모니가 이뤄지면서 하나님 앞에 아름다운 소리로 올려드리는 것입니다.

느헤미야서를 보면 이들이 울었다고 했습니다. 이 울음도 부흥의 노래입니다. 또한 여호와로 인해 웃는 것도 부흥의 노래입니다. 울 수도 있고 웃을 수도 있고 성령이 끌어가셔서 생전 불러보지 못했던 새 노래로 화음을 맞춰가게 하실 수도 있습니다. 여러분 모두가 하나님이 역사하시는 대로, 성령이 끌어가시는 대로 하나님 앞에 찬양할 수 있기를 바랍니다.

느헤미야서에 나오는 노래의 가사들

지금까지 격식이 없는 부흥의 노래 안에서 가사는 무엇을 의미하고 곡조는 무엇을 의미하는지 설명해 드렸습니다. 이것을 염두 해 두고 느헤미야 말씀을 살펴보겠습니다. 그렇게 읽으면 느헤미야서가 더욱 마음에 와 닿을 것입니다.

먼저 느헤미야서에 나오는 부흥의 노래의 가사를 여러분들에게 설명 드리겠습니다. 그 배경은 이미 말씀드렸다시피 이스라엘 백성들이 바벨론 포로에서 돌아와서 모든 것이 무너지고 어느 것 하나 손 쓸 수 없는 폐허와 같은 곳이었습니다. 그 곳에는 희망도 소망도 없었습니다. 이들에게 에스라가 하나님의 율법책을 가져와서 하나님의 말씀을 선포하였습니다. 이 말씀이 선포 되어질 때 그들의 마음 안에 무너져 있었던 영적인 터전들이 세워지기 시작했습니다. 그러나 영적 터전이 세워졌다고 해서 갑자기 하나님의 기적이 체험되기 시작한 것은 아닙니다. 그럼에도 불구하고 그들은 절망적인 상황 속에서 하나님을 노래하기 시작했습니다. 느헤미야 8장 5-6절 말씀을 보도록 하겠습니다.

> 5 에스라가 모든 백성 위에 서서 그들 목전에 책을 펴니 책을 펼 때에 모든 백성이 일어서니라
> 6 에스라가 위대하신 하나님 여호와를 송축하매 모든 백성이 손을 들고 아멘 아멘 하고 응답하고 몸을 굽혀 얼굴을 땅에 대고 여호와께 경배하니라

그들이 하나님 앞에 부른 찬양의 가사 중 가장 먼저 살펴볼 가사가 '일어서니라' 입니다. 그들은 말로 표현하지 않았습니다. 그러나 말씀을 읽기 전에 말씀을 들을 기대감을 가지고 율법책이 펴지는 순간 그 자리에서 일어났습니다. 성경에서 누가 일어나라고 했습니까? 에스

라가 '일동 기립' 이라고 말했습니까? 아닙니다. 하나님의 말씀을 읽기 위해서 그 말씀을 폈는데 이스라엘 백성들이 스스로 일어났다는 것입니다. 이것이 무슨 가사입니까? 율법책을 폈는데 그들이 일어났다고 하는 것은 이스라엘 백성이 말씀에 대한 열정과 갈망이 얼마나 있는지에 대해 표현된 가사입니다. "말씀의 권위를 높이고 존중합니다." 라고 하는 가사인 것입니다.

　이와 같이 말씀을 읽고 선포하는 가운데 영적으로 무너진 마음이 성령의 역사하심으로 새로워져야만 하나님을 높여드릴 수 있는 것이 아닙니다. 말씀이 선포되어지기 전에도 그들에게 찬양이 흘러나왔습니다. 어떤 찬양입니까? 말씀을 폈는데 그들이 일어났다는 것입니다. 그들은 바벨론 포로생활 동안에 굶주렸던 것이 있습니다. 그것은 육신적인 음식에 대한 굶주림이 아니라 하나님의 말씀에 굶주려 왔던 것입니다. "하나님 당신의 말씀에 권위가 있음을 압니다," "말씀이 당신 자신이라는 것 또한 압니다," "말씀에 능력이 있음을 압니다," "말씀이 창조주 하나님이심을 압니다," "그 말씀 안에 내가 복종합니다," "그 말씀을 내가 높여드립니다." 이러한 고백으로 그들은 일어난 것입니다.

　두 번째 가사는 '송축하매' 입니다. 에스라가 입을 열어서 하나님은 광대하십니다. "하나님은 우리의 주권자이십니다. 하나님 앞에 영광 돌립니다." 라고 송축했다는 것입니다. 여러분 때때로 이런 하나님에 대한 선포도 하나님의 부흥의 노래에 대한 가사가 됩니다. 저는 제가 훈련시키고 있는 기노스코에서 예배드릴 때 하나님 앞에 우리에게 주신 마음을 가지고 선포하는 시간을 가지곤 합니다. 그럴 때 이곳저곳에서 "하나님은 위대하십니다," "하나님은 창조주이십니다." 라며 자신들의 마음의 고백을 선포하고 박수치며 주님을 송축합니다. 이러한 선포 자체가 부흥에 대한 노래 가사라는 것입니다.

세 번째 가사는 '모든 백성이 손을 들고 아멘, 아멘 하고 응답하고' 입니다. 어떤 이들은 찬양하는데 찬양은 안하고 "아멘", "아멘" 을 외칠 때가 있습니다. 이것이 의미하는 것은 "하나님 지금 나에게 주시는 당신의 감동과 음성, 하나님의 역사하심에 내가 동의합니다," "당신은 정말 그러하신 분이십니다," "당신의 말씀은 모두 옳습니다." 라고 동의하고 인정하는 것입니다. 이러한 고백도 부흥에 대한 가사입니다.

네 번째 가사는 '몸을 굽혀 얼굴을 땅에 대고 여호와께 경배하였느니라.' 입니다. 하나님의 말씀이 펼쳐진 역사적인 현실 속에서 그들은 그 자리에 엎드리고 땅바닥에 얼굴을 대며 하나님을 높여드렸습니다. 이 행위는 입으로는 표현되지 않았지만 몸으로 표현된 가사입니다. "하나님 당신은 왕이십니다," "당신은 주권자이십니다," "당신은 나를 통치하시고 지배하시는 분이십니다." 라는 가사이며, 또한 하나님이 그들의 가슴과 영혼에 부흥을 일으키고 계시다는 것을 표현한 가사입니다.

많은 사람들이 주변에 있는데 엎드릴 수 있습니까? 제가 때로는 예배를 인도하면서 "여러분, 오늘 하나님이 주신 마음을 각 가지 모양으로 표현합시다." 하면서 "우리가 그 자리에서 엎드립시다." 라고 외쳐도 절대로 안 엎드리는 사람이 있습니다. 엎드리라고 해서 엎드리는 것이 아닙니다. 하나님이 감동을 주시니까 그 마음을 주시니까 성령님이 그렇게 끌어가시니까 그 자리에서 내려와 엎드리며 땅에 얼굴을 대고 "주님만을 높여드립니다." 라고 고백하는 것입니다. 이것이 얼마나 위대한 가사입니까? 느헤미야서를 보면 이처럼 여러 가지의 격식이 없는 가사들이 나옴을 알 수 있습니다.

부흥의 노래의 곡조가 되는 눈물과 기쁨

그렇다면 이 느헤미야 8장에 나오는 부흥의 노래 중 곡조는 무엇일까요? 9절-10절 말씀을 보도록 하겠습니다.

> 9 백성이 율법의 말씀을 듣고 다 우는지라 총독 느헤미야와 제사장 겸 학사 에스라와 백성을 가르치는 레위 사람들이 모든 백성에게 이르기를 오늘은 너희 하나님 여호와의 성일이니 슬퍼하지 말며 울지 말라 하고
> 10 느헤미야가 또 그들에게 이르기를 너희는 가서 살진 것을 먹고 단 것을 마시되 준비하지 못한 자에게는 나누어 주라 이 날은 우리 주의 성일이니 근심하지 말라 여호와로 인하여 기뻐하는 것이 너희의 힘이니라 하고

첫 번째 곡은 울음입니다. 하나님의 말씀을 들었을 때에 그들은 울었습니다. "백성이 율법의 말씀을 듣고 다 우는지라." 이들이 엎드려서 하나님이 주신 감동 때문에 웁니다. 손들고 "아멘, 아멘" 하면서 웁니다. 하나님의 말씀을 들으면서, 읽으면서 성령에 감동되어 울어본

경험들이 최근에 있으십니까? 하나님의 말씀 때문에, 그 말씀이 내 육신과 골수와 심령을 찔러 쪼개서 그 말씀 앞에 무릎 꿇으며 "하나님 당신만이 위대하십니다." 라고 그 분을 높여드렸던 적이 최근에 얼마만큼 있으셨습니까? 우리의 삶에 그것이 날마다 회복되어질 수 있기를 바랍니다.

본문에서 이스라엘 백성들이 그랬다는 것입니다. 부흥의 노래라고 해서 "부흥! 부흥!"을 외치는 것이 아니라, 하나님이 감동을 주시니까 그 자리에 엎드려서 때로는 손을 들고 무릎 꿇으며 "아멘! 아멘!" 하였다는 것입니다. 또는 그 자리에 일어서서 선포되어지는 하나님의 말씀 때문에, 역사하시는 성령님 때문에 그 자리에서 엉엉 우는 겁니다. 내가 일어서서 아무소리 안하고 하나님을 향해 손을 들고 우는 것도 부흥의 노래입니다. 그 자체에 가사와 곡이 다 포함되어 있기 때문에 그렇습니다.

여러분들도 예전에 성령의 임재 속에서 그러한 경험들이 있었을 것입니다. 하나님께 무엇인가 마음을 표현해야 되겠는데 표현하지 못하고 다만 그 자리에서 엉엉 울었던 적이 있지 않습니까? 슬퍼서 우는 게 아니라 말로 표현할 수 없는 기쁨이 있어서 울었던 때가 있지 않습니까? 하나님께서는 여러분들이 오늘 그 부흥의 노래를 부르기를 원하십니다. 역사하시는 성령 안에서 그 눈물을 되찾으시기 바랍니다. 표현을 어떻게 하든지 그 속에서 하나님을 찬양하고 부흥을 노래할 수 있길 바랍니다.

하루는 제주도 열방대학에 강의하러 간적이 있었습니다. 예수전도단에서는 월요일 오전 8시에서 9시까지 전체 채플이 있습니다. 그런데 그 예배가 굉장히 뜨거웠습니다. 찬양이 시작되기 위해 악기가 연주되는데도 가슴이 막 뛰기 시작했습니다. 성령이 운행하시고 역사하시는 것이 강하게 느껴졌습니다. '왜 이렇게 성령님의 기름 부으심이 강할까?' 고민을 해보았습니다. 아마도 그곳에서 예배드리는 자들이 하나님의 사람이 되기 위해 6개월간 합숙 훈련을 받으며 세상의 모든 것을 끊고 하나님에게만 집중하는 시간들이 있었기 때문인 것 같습니다.

찬양 인도자가 찬양을 끌어가는데 가만히 있는데도 눈물이 주르르 흘렀습니다. 그런데 한번은 그 찬양 인도자가 "오늘 이 자리에서 성령께서 역사 하시는 대로 성령께서 우리 안에 주시는 마음을 선포하며 나갑시다." 라고 외치는 것입니다. 그래서 제가 너무 기뻐서 어떤 말로 선포할까 생각했습니다. 여기, 저기서 "하나님은 선하십니다. 하나님은 위대하십니다. 하나님은 전능하십니다." 하고 난리가 났습니다. 그래서 저도 선포를 하려는데 그때 제 앞에 한 남자분이 갑자기 벌떡 일어나 "하나님 굿모닝입니다." 라고 외치는 것입니다. 가만 보니까 그 남자 분은 머리카락을 허리까지 기르고 땋았습니다. 왠지 좀 이상한 사람인가보다 라고 생각되었습니다. 그 사람이 선포하자 여러 사람이 웃다가 "아멘" 했습니다. 또 한 바퀴 돌아가는데 그 사람이 갑자기 다시 "하나님 굿모닝입니다." 그러는데 성령님께서 제 안에 깨달음을 주셨습니다.

제가 외국 사람을 만나서 굿모닝이라는 말을 많이 하고 또 들었는데 그때야 비로소 진정한 굿모닝을 경험한 것입니다. 굿모닝의 뜻은 좋은 아침입니다. 좋은 아침이 되기 위해서는 하나님의 임재가 있어야 합니다. 그래야 진정한 좋은 아침, 좋은 오후, 좋은 밤을 경험할 수 있습니다. '지금 이 시간이 진정한 굿모닝이구나!' 그 속에서 성령이 깨달음을 주시는데 얼마나 기쁜지 그냥 그 자리에서 선포도 못하고 그대로 막 울었습니다.

받은 은혜가 너무 기뻐서 우리 교회 청년들에게 나누고 싶어 전화를 걸었습니다. 요즘엔 컬러링이라는 게 있어서 전화를 걸면 찬양이 흘러나옵니다. 전화를 걸다 말고 그 찬양을 들으면서 막 울기 시작했습니다. 이틀 동안 울보가 되었습니다. 저는 울었다라고 표현하기 보다는 이틀 동안 부흥의 노래를 부르고 왔다고 표현하고 싶습니다. 얼마나 행복했는지 모릅니다. 눈물은 막 나는데 열방대학 이곳저곳 구석구석을 다니면서 얼마나 행복했는지 모릅니다. 하나님이 만드신 자연이 어찌 그리 아름다운지, 햇빛과 풀들이 어찌 그리 아름다운지 새삼스럽게 느끼며 감사했었습니다.

하나님께서 그러한 부흥의 노래를 여러분들에게도 주실 줄 믿습니다. 잃어버렸던 눈물을 되찾을 수 있었으면 좋겠습니다. 하나님의 임재 앞에서 하나님의 말씀 앞에서 성령님의 역사하심 앞에서도 내 마음이 메말라있다고 느껴진다면 하나님 앞에 간구하십시오. "주님 저도 믿음으로 부흥의 노래를 부르고 싶습니다. 그에 맞는 가사와 눈물을 주십시오." 라고 하나님께 고백하며 전심으로 나아갈 수 있기를 바랍니다.

저는 느헤미야 말씀을 묵상하면서 이스라엘 백성들이 너무도 부러웠습니다. 말씀이 선포되어지기도 전에 감격스러워 눈물을 흘릴 수 있었다는 것이 너무도 부러웠습니다. 바벨론 포로로 잡혀 있다가 돌아와서 주변은 다 폐허가 되었고 어디서부터 손을 대야할지, 무엇을 해야 될지 모르는 상황 속에서도 하나님의 말씀이 선포되어지니까 그 선포되어진 말씀 때문에 이스라엘 백성들이 웁니다. 이 눈물의 회복의 눈물이며, 소망의 눈물이었습니다.

저는 말씀을 준비하면서 무엇보다도 "하나님의 말씀을 읽으면서 울 수 있는 자가 되게 해 주세요." 라는 기도를 합니다. 하나님의 말씀에 감동되어서 울 수 있다고 한다면 그것이 얼마나 큰 축복인지를 알고 있기 때문입니다. "주님 우리들이 하나님의 말씀 앞에서 눈물을 흘릴 수 있는 자가 되게 하여주옵소서." 이 기도가 여러분들의 삶 속에서도 있어지기를 간절히 바랍니다.

이스라엘 백성들이 부른 부흥의 노래의 두 번째 곡조는 기쁨입니다. 그들이 울 때에 느헤미야와 에스라가 격려합니다. '오늘 하나님의 성일인데 너희들이 왜 우는지 내가 안다.' 눈물이 왜 나겠습니까? 감동이 있기도 하지만 내가 말씀과 얼마나 동떨어져서 살았는지 내 안에 얼마나 많은 죄가 있었는지 드러나게 되니까 또 우는 것입니다.

그런데 중요한 것은 그렇게 울다가 에스라와 느헤미야가 "오늘은 하나님의 성일이란다. 우는 것도 중요하지만 우리가 기뻐하자. 하나님이 우리를 다시 본국으로 돌아오게 하셨고 하나님이 다시 하나님의 말씀을 듣게 하시지 않았느냐. 이 일을 시작하신 하나님이 끝까지 너희를 책임지실 것이다. 여호와를 기뻐하는 것이 너희의 힘이다." 이렇게 격려했을 것입니다. 그때에 이스라엘 백성들이 막 기뻐하기 시작합니다.

보통 어린아이들은 순진하다보니 막 울다가도 옆에서 어떤 사람이 웃기면, 울다가 웃다가 겸연쩍으니까 "왜 그래" 하면서 화를 내기도 합니다. 그런데 어른들은 그렇지 못합니다. 울다가 웃긴다고 해서 막 웃거나 그렇지 않습니다. 그런데 우리가 부흥을 경험하면 어린아이처럼 되는 것 같습니다. 막 울다가 또 갑자기 하나님이 역사하시면 막 웃다가 또 감동이 있어 막 울다가 그럴 수 있습니다. 저는 하나님께서 여러분들을 울리셨다가 웃기셨다가 하시길 원합니다. 그래서 성령님께 나의 모든 것을 내맡겨 드렸으면 좋겠습니다. 우리 모두 성령님이 이끌어 가시는 대로 부흥의 노래를 부르는 삶이 되기를 바랍니다.

하박국서에 나오는 부흥의 노래

하박국서에서도 부흥의 노래가 나옵니다. 하박국 3장 16-19절 말씀을 보도록 하겠습니다.

16 내가 들었으므로 내 창자가 흔들렸고 그 목소리로 말미암아 내 입술이 떨렸도다 무리가 우리를 치러 올라오는 환난 날을 내가 기다리므로 썩이는 것이 내 뼈에 들어왔으며 내 몸은 내 처소에서 떨리는도다
17 비록 무화과나무가 무성하지 못하며 포도나무에 열매가 없으며 감람나무에 소출이 없으며 밭에 먹을 것이 없으며 우리에 양이 없으며 외

양간에 소가 없을지라도

18 나는 여호와로 말미암아 즐거워하며 나의 구원의 하나님으로 말미암아 기뻐하리로다

19 주 여호와는 나의 힘이시라 나의 발을 사슴과 같게 하사 나를 나의 높은 곳으로 다니게 하시리로다 이 노래는 지휘하는 사람을 위하여 내 수금에 맞춘 것이니라.

16절의 내용은 예루살렘의 멸망의 소리를 듣고 하박국 선지자가 무척 놀라며 두렵고 절망스러운 감정을 표현한 구절입니다. 그렇다면 왜 하나님은 하박국 선지자에게 이런 두려움과 절망을 주셨습니까? 그것은 바로 철저하게 하나님만을 의지하게 하기 위해서입니다. 온전히 하나님을 의지하지 않으면 사람들을 의지하게 됩니다. 그러므로 하나님께서 하박국으로 하여금 사람들을 기대할 수 없게 하여 오직 하나님만을 철저히 의지하게 만들었던 것입니다.

앞 장에서 살펴보았듯이 하박국이 느낀 절망과 두려움을 통해서 하나님께서 의인은 믿음으로 살아야 한다고 가르쳐 주었습니다. 공의를 행하지 않는 사람들을 바라보면서, 악한 사람이 더 잘되는 것을 바라보면서 절망했던 하박국이 다시금 하나님을 바라보니 희망이 생긴 것입니다. 결국 의인은 믿음으로 말미암아 사는 것임을 깨달은 하박국은 비록 예루살렘이 멸망당한다 할지라도, 하나님을 향해 부흥의 노래를 불렀습니다.

말씀에 보면 "무화과나무가 마르며 무성치 못하고 포도나무에 열

매가 없고 감람나무에 소출이 없으며" 라고 되어있습니다. 왜 무화과 나무 포도나무 감람나무를 언급했을까요? 그것은 가나안 땅에서 가장 많이 볼 수 있는 축복을 상징하는 나무들이기 때문입니다. 그렇기에 성경에 가장 많이 나오는 나무들이기도 합니다. 그런데 이 세 나무에서 열매가 없다는 것은 가나안 땅에 있는 모든 축복들을 빼앗겼다는 것입니다. 우리에 양도 없고 외양간에 소도 없다고 하는 것은 그야말로 아무것도 없는 상황입니다. 그런데 그 상황 속에서 하박국은 "나는 여호와로 인하여 즐거워하며 나의 구원의 하나님을 인하여 기뻐하리로다." 라고 노래하고 있습니다.

'나는 여호와로 인하여' 라는 말은 여호와 안에서 라는 말입니다. 내가 기뻐하고 즐거워 할 수 있는 이유는 내가 여호와 안에 있기 때문이라는 것입니다. 여호와 하나님은 영원하신 분이십니다. 그 안에 있다는 것은 영원 안에 내 소원을 두고, 영원 안에 나의 모든 것을 투자하는 것을 말합니다. 그때 주를 향한 믿음이 생겨나고 주님 안에서 기뻐할 수 있는 것입니다.

앞 장에서 하박국 2장 1절에서 4절을 통해 세속성과 영원성에 대해서 말씀 드렸습니다. 많은 사람들이 믿음이 중요한지 알면서도 믿음을 구사하지 못하는 이유는 무엇입니까? 그것은 초대교회 성도들과 비교해 볼 때 이 땅에 살아가는 많은 성도들이 잃어버린 것이 있다는 것입니다. 그것이 바로 영원성입니다.

우리가 이 세상에서 살아갈 때 가장 큰 소망과 이유가 되는 것이 무엇입니까? 신랑 되신 예수가 오시고 그 분을 만나고 그 주님과 누릴 영원한 천국이 우리에게 가장 큰 소망이 되어야 되지 않겠습니까? 그런데 우리는 어느 순간부터 그것을 잃어버리고 놓아버렸습니다. 그래서 지금 당장 승진하는 것이 나의 큰 소망이 되었고 지금 당장 돈을 버는 것이 나에게 큰 소망이 되어버렸습니다. 그리고 지금 당장 나에게 필요한 것이 채워지는 것만이 하나님의 은혜로 착각하며 살아가기도 합니다.

그런데 하박국이 감람나무와 포도나무와 무화과나무에 열매가 없으며, 우리에 양도 없고 외양간에 소도 없는 즉, 모든 것이 없는 상황 속에서도 기뻐할 수 있다는 것입니다. 여호와 안에 있기 때문에 가능한 일입니다. 하나님을 믿는 자녀들은 세상적인 것을 바라보지 않고 영원한 것을 내 목적으로 삼기 때문에 지금 당장 죽는다고 할지라도 나는 천국에서 눈 뜰 것을 확신합니다. 결국 이 하박국이 불렀던 부흥의 노래의 가사는 '여호와 안에 살겠습니다,' '이 영원성 안에 나의 모든 목표를 두겠습니다.' 라는 고백입니다.

이 땅에서 부흥을 노래하라

어쩌면 우리의 삶의 문제가 지금 당장 해결되지 않아 힘겨워하시는 분들도 계실 것입니다. 그것은 주님이 필요하시면 지금 당장이라도 응답하실 수도 있습니다. 그러나 이 땅을 살아가면서 우리는 여전히 다양한 문제에 직면하게 됩니다. 그런데 어떤 사람은 예수를 믿는다고 하지만 승진이 누락되고, 병들어 입원하게 되면 하나님을 떠나기도 합니다. 왜냐하면 하나님이 나와 함께 하시지 않는다고 생각하기 때문입니다.

그러나 온전한 믿음을 가진 신자는 부도가 나고, 승진에서 누락되며 병들어 입원하더라도 기쁨이 솟아날 수 있습니다. 왜냐하면 그 상황과 관계있는 믿음이 아니라 영원한 것에 기초를 둔 믿음이기 때문입니다. 왜냐하면 주님이 기쁨의 근원이시기 때문입니다. 병원에 들어가도 말할 수 없는 기쁨이 있고, 지금 당장 내가 죽는다 할지라도 말할 수 없이 평안이 있는 것입니다. 맞아 죽어가는 상황 속에서도 마음이 평안한 것입니다. 그 평안함이 있기 때문에 찬송가 413장 '내 평생에 가는 길' 과 같은 가사가 나오는 것 아니겠습니까? 하나님이 주시는 평안과 기쁨은 세상이 주는 것과 비교될 수 없습니다.

그래서 베드로는 베드로전서 1장 8절에서 이것을 이렇게 표현합니다. "말할 수 없는 영광스러운 즐거움으로 기뻐하니" 이것이 우리 안에 있는 것입니다. 그래서 하박국 선지자는 하나님을 찬양하기로 노래하기로 작정한 것입니다. 하박국이 여기 표현해 놓은 부흥의 노래는 믿음을 가지고 작정하고 만든 노래입니다. 여러분들도 여러분만의 부흥의 노래를 부르시기를 바랍니다. 음악을 전공한 사람들의 도움을 받아 노래를 한번 만들어 보십시오. 즉석에서도 부를 수 있지만, 시간을 갖고 좋은 멜로디와 곡을 가지고 부를 수 있는 것 또한 부흥의 노래입니다.

하박국 선지자는 지금까지는 예루살렘이라는 장소에 국한시켜서 살아가고 그곳을 바라보았지만, 예루살렘에 철저히 실망하고 나서야 하나님을 보게 되었습니다. 그리고 온 세상을 구원하시는 하나님의 능력을 보게 되었습니다. 그래서 19절에 이렇게 표현합니다. "주 여호와는 나의 힘이시라" 이것은 예루살렘이 멸망하는 것은 결코 하나님의 능력이 부족해서가 아니라는 고백입니다. 하나님이 유다를 깊은 수렁에 던지시는 이유는 그렇게 던지셔도 건져낼 능력이 있기 때문이라는 것입니다. 하나님이 전능하신 분임을 믿고 있는 것입니다.

우리가 밑바닥 속에서도 부흥을 노래할 수 있는 이유가 여기에 있습니다. 비록 나의 죄로 인하여, 하나님이 허락하셔서 그 밑바닥까지 내려갔다 할지라도 그 속에서 우리를 건질 수 있는 분이 바로 여호와 하나님이십니다. 하나님은 능력이 있으신 분입니다. 그 밑바닥에서도 하박국이 입을 열어서 하나님을 찬양하지 않습니까? "주 여호와는 나의 힘이시라!" 이 고백이 우리 안에 있기를 원합니다.

이 고백은 하나님이 나를 심하게 망가뜨린다 해도 결국은 원래보다 훨씬 나은 모습으로 회복시킬 수 있음을 믿는 고백입니다. 처음 하박국이 하나님께 질문 할 때에는 망대 성루에 서서 안절부절 못하고 있었습니다. 하나님께서 말씀하시니까 분명히 바벨론이 쳐들어올 텐데 하며 한편으로는 국경지대를 바라보며 다른 한편으로는 하나님의 대답을 기다리면서 안절부절 못하고 있었습니다. 그러나 3장에 와서 하박국은 사슴처럼 높은 곳을 뛰어다니고 있습니다. 사람들은 상상 할 수 없는 높은 곳에서 몇 십 년, 몇 백 년 뒤에 일어날 일들을 내다보며 기쁨으로 감사의 찬양을 드리고 있는 것입니다.

여러분, 저는 여러분들이 남들이 바라볼 수 없는 그 높은 곳에서 하나님이 행하신 일들을 바라보며 그 하나님을 찬양할 수 있기를 원합니다. 지금 당장은 아니지만 하나님께서 신실하게 인도하시며 일하실 것이라는 사실을 믿음으로 바라보며 또 감사하며 그것을 노래하기 바랍니다. 인생의 밑바닥에서 부르는 부흥의 노래, 주어진 그 자리에서 하나님만 바라보며 그 주님을 높이는 놀라운 고백들이 우리의 삶 가운데 날마다 있기를 간절히 바랍니다.

믿음이라는 것이 무엇입니까?
지금 내 상황을 바라보는 것이 아니라
상황과 상관없이 역사하시는
하나님을 바라보는 것이 믿음입니다.

하나님께서 이 문제를
분명히 해결하실 수 있음을
확신하는 것이 믿음입니다.

이러한 믿음이 내 안에 자리 잡고 있다면
상황과 여건에 상관없이
하나님을 찬양하고 노래할 수 있습니다.

7. 예배 부흥의 시작! 꿇어 엎드림 (요한복음 4장 19-24절)
8. 예배 부흥의 절정! 보좌 앞에 나가 경배함 (요한계시록 7장 9-12절)
9. 예배 부흥의 지속! 하나님과의 친밀감 (출애굽기 14장 12 -18절)

PART III

"예배의 부흥을 경험하라!"

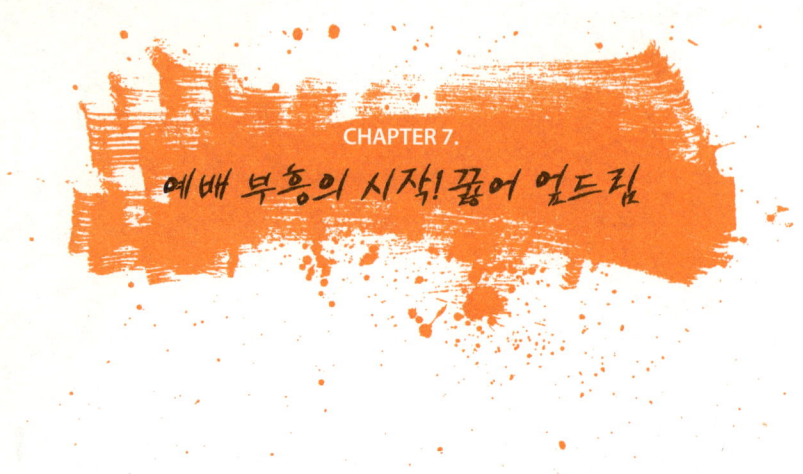

CHAPTER 7.
예배 부흥의 시작! 꿇어 엎드림

요한복음 4:19-24

19 여자가 이르되 주여 내가 보니 선지자로소이다
20 우리 조상들은 이 산에서 예배하였는데 당신들의 말은 예배할 곳이 예루살렘에 있다 하더이다
21 예수께서 이르시되 여자여 내 말을 믿으라 이 산에서도 말고 예루살렘에서도 말고 너희가 아버지께 예배할 때가 이르리라
22 너희는 알지 못하는 것을 예배하고 우리는 아는 것을 예배하노니 이는 구원이 유대인에게서 남이라
23 아버지께 참되게 예배하는 자들은 영과 진리로 예배할 때가 오나니 곧 이 때라 아버지께서는 자기에게 이렇게 예배하는 자들을 찾으시느니라
24 하나님은 영이시니 예배하는 자가 영과 진리로 예배할지니라

저는 우리의 예배 가운데 하나님의 놀라운 부흥이 일어나기를 간절히 소망하고 있습니다. 그래서 이번 장에서는 예배 가운데 하나님의 은혜를 갈망하며 나갈 때 저에게 주신 깨달음을 가지고 '꿇어 엎드

림이 예배 부흥의 시작이다.' 라는 주제로 말씀을 나누고자 합니다. 그리고 이어지는 두 번째 글에서는 예배 부흥의 메시지로, 우리가 엎드려서 하나님 앞에 온전히 예배드릴 수 있다면 그 다음에는 '하나님의 보좌 앞에 나아가서 하나님을 온전하게 경배하고 예배하는 것', 이것이 '예배의 절정'이라고 생각하고 은혜를 나누고자 합니다. 그래서 요한계시록에 나와 있는 예배의 모습이 단지 하나님 곁에서만, 하늘에서만, 어린양의 혼인잔치에서만 이뤄지는 것이 아니라, 이 땅에서도 맛볼 수 있는 예배의 절정임을 기억하길 원합니다.

그리고 우리가 예배를 통해서 하나님을 경험하게 되면 하나님을 더 친밀하게 알아가게 됩니다. 하나님과 친밀함이라는 것이 우리로 하여금 하나님께 드리는 예배를 기대하게 하고 지속하게 하는 힘이 됩니다. 그래서 하나님을 경험하며 그분과 친밀해지는 것이 얼마나 중요한 성경의 핵심인지 세 번째 글에서 나누길 원합니다. 사실 우리가 하나님과 더 친밀하면 친밀해질수록 예배드리지 말라고 해도 예배를 사모하게 되고, 예배 속에서 성령이 역사하시는 것을 경험하게 될 것입니다. 이렇게 부흥하는 예배, 살아있는 예배, 성령이 임재하시고 만지시는 예배가 지속되어질 수 있는 근거가 하나님과의 친밀함이라는 것을 말씀에 근거하여 마지막으로 나누고자 합니다.

이렇게 예배 부흥에 관한 메시지의 주제를 제가 먼저 나누는 것은, 예배를 통해서 일하시고 부흥케 하실 하나님을 우리 모두가 기대하기 위함입니다. 그래서 예배를 통해서 우리를 만지시고 회복시키시고 온전한 하나님의 사람으로 다듬어 가시는 하나님을 기대하는 마음으로 이 글을 읽으셨으면 좋겠습니다. 예배를 통한 하나님의 은혜를 경험하게 되면 하나님께 대한 기대감이 생기게 됩니다. 우리가 왜 예배에 나오고 하나님께 나아오는데 기대감이 없는지 아십니까? 예배를 통한 하나님의 임재에 대한 경험이 사라지고 희미해졌기 때문입니다. 어제의 예배를 통해서, 일주일 전의 예배를 통해서 하나님의 강력한 임재를 경험했다면 예배가 기대될 것입니다.

예배 속에서 나를 만지실 하나님을 얼마나 갈망하셨습니까? 여러분, 오늘 나를 돌아볼 수 있는 시간이 되길 원합니다. 나는 진정 하나님을 갈망하고 있는 자인가? 나는 예배를 기대하고 있는 자인가? 교회를 나갈 때마다 오늘 나에게 역사하실 하나님을 기대하고 갈망하는지 아니면 어느 순간인가 나도 모르게 주일이니까 교회를 가고, 형식적으로 예배를 마치고 맡겨진 사역을 하고 돌아오고 있지 않는지 자신을 다시 한번 하나님 앞에서 비춰볼 필요가 있습니다. 왜냐하면 예배가 형식으로 흘러가는 그 순간부터 기독교는 힘을 잃어가기 때문입니다.

하나님께서는 지금 예배를 회복하길 원하십니다. 예배의 회복이 있는 곳에 하나님의 임재가 있고, 예배자들의 회복과 부흥이 있습니다. 이 시간을 통해 우리의 예배가 회복되고, 하나님의 임재를 더욱 풍성히 경험할 수 있기를 소망합니다.

예배란 무엇인가?

말씀을 시작하면서 예배가 무엇인가 하는 정의부터 나누길 원합니다. 한국에서 열린 예배가 생겨났고, 제주도 열방대학에서는 예배학교가 생겨나는 등 전통적으로 생각하던 예배의 개념들이 많이 바뀌어가고 있습니다. 그러나 여전히 예배에 대해서 많은 분들이 오해를 하고 있고 전통적인 예배만이 예배인 것으로 알고 있는 분들이 많은 것 같습니다.

제가 전통적인 예배를 부인하려고 이야기하는 것이 아니라, 전통적인 형식의 예배이든지 아니면 현대적인 형식의 예배이든지 예배는 한 가지이고, 다만 형식이 다양할 뿐이라고 보는 것입니다. 어떠한 형식의 예배이든지 그 안에 성령의 임재가 있으면 그 형식 안에 성령의 임재가 있으면 살아있는 예배라고 생각합니다. 그 형식 안에 하나님의 만지심이 있고 역사하심과 치유하심이 있으면 되는 것입니다. 그래서 우리가 굳이 어떠한 예배의 틀을 가지고 그 한 가지 틀만 맞다고 주장하는 것은 옳지 않다고 생각합니다.

구약성경에서 예배를 가리키는 여러가지 단어가 있습니다. 그리고 예배에 관한 대표적인 단어 중의 하나가 '히시타와'입니다. 그런데 이 단어의 기본적인 의미는 '땅에 엎드려 절하다'라는 의미입니다. 그리고 구약성경에 '샤카'라는 히브리어가 있습니다. 이 단어도 절하고 굴복하는 단어로 47번이나 나옵니다.

그리고 '세레트'라는 단어도 있는데 이 단어는 하나님을 섬기는 것으로 나오고, '야레'라는 단어도 '하나님을 경외하는 것을 예배한다.' 라고 표현하기도 했습니다. 그런데 '히시타와'와 '샤카'라는 단어가 구약성경에서 예배를 상징하며 많이 쓰이는데 기본적인 의미가 '엎드려서 절하고 굴복한다'는 의미가 들어가 있습니다.

신약성경 안에 대표적인 단어는 '프로스퀴네오'라는 단어입니다. 이 단어는 계시록에서 '경배하다,' '찬양하다'라는 말로 많이 번역되어 있으며 기본적으로 예배하다 라는 단어로 많이 쓰이고 있습니다. 이 단어 역시 '엎드려 절하다' 라는 단어로 쓰이고 있습니다. 물론 구약성경에서 예배의 의미로 사용되어지는 단어들을 나열하여 몇 회가 사용했고 어떤 의미인지 이야기할 수도 있습니다.

그러나 지금은 학문적인 이야기를 하려는 것이 아니라 이 주제에 맞추어 근본적인 이야기를 풀어나가기 위해 구약과 신약의 대표적인 단어를 말씀드리려는 것입니다. 이 대표적인 단어 속에서 예배라는 것이 무엇인지 본래의 의미를 담아내고 있는데, 바로 '엎드려서 굴복하는 것'이 예배라는 것을 우리에게 말해 주고 있습니다.

그렇다면 우리가 엎드려서 굴복하는 대상은 누구입니까? 예배의 대상은 오직 한분 하나님이시며, 죽임당한 어린 양 예수 그리스도이십니다. 그 분만이 예배를 받기 합당하신 분이십니다. 그러면 예배는 무조건 엎드려 절하기만 하면 되는 건가요? 그래서 이번에 말씀드리려고 하는 핵심이 엎드린다는 것이 무엇을 의미하느냐 하는 것입니다.

여러분, 왜 우리의 예배 속에 하나님이 임재하기를 원하지만 하나님의 임재를 온전하게 경험하지 못하는 것일까요? 저는 무엇보다도 우리가 본질적으로 하나님 앞에 온전히 엎드리지 못하기 때문이라고 말씀드리고 싶습니다.

그래서 저는 '엎드림'에 대해서 성경을 보면서 세 가지로 말씀드리려고 합니다. 그것은 "육체의 엎드림, 마음의 엎드림, 영혼의 엎드림"입니다. 엎드려 절하세 하니까 무조건 납작 엎드리는 사람이 있습니다. 물론 예배는 하나님 앞에 내 육체적인 모습을 가지고 엎드림을 표현하는 행위이기 때문에 그럴 수 있습니다. 말씀을 마치고 찬양하고 기도할 때 성령께서 마음을 주신다면 바닥에 엎드릴 수도 있습니다. 데굴데굴 구를 수도 있고, 성령이 주시는 마음대로 자유롭게 행할 수 있습니다. 그러나 여기에서 예배가 엎드림이라고 했을 때는 단지 육체적인 엎드림만이 전부가 아니라는 것입니다. 여러 가지 많은 것을 말할 수 있지만, 그 중에서도 중요한 세 가지를 말씀드리려고 합니다.

그러나 그보다 먼저, 구약과 신약에 지칭하고 있는 예배의 단어가 엎드림이라는 단어를 사용한다고 했을 때, 하나님께 드리는 예배를 한마디로 정의한다면 무엇이라고 할 수 있을까요? 예배라는 것은 한마디로 하나님과 만남입니다. 그래서 아무리 형식이 좋고 아무리 뜨거워도 그 예배 속에서 하나님을 만날 수 없다고 한다면 죄송하지만 그 예배는 실패한 예배입니다. 진정한 예배는 예배의 형식과 모습을 통해서 하나님을 만나서 하나님과의 관계를 더 깊게 정립해 나가는 것이라 볼 수 있습니다.

그렇다면 그 예배는 예배의 자리에 나와서, 예배의 형식 안에서만 드려질 수 있는 것인가요? 그렇지 않습니다. 예배는 우리의 삶으로 드려지는 것입니다. 바로 우리의 삶 자체가 하나님께 승화되어 나가야 한다는 것입니다. 그래서 하나님께서 먼저 이 예배라는 형식 속에서 우리에게 놀라운 부흥을 경험하게 하실 것이고, 더 나아가 내 삶 속의 모든 행위 행위들이 하나님께 예배로 드려질 수 있도록 하실 것입니다. 그래서 우리의 말과 행동, 삶의 모든 모습들이 하나님께 대한 예배로 회복되어지길 소망합니다. 그렇다면 왜 우리에게 예배의 부흥이 필요한 걸까요? 예배의 부흥은 무엇이 전제되어 있는 것입니까?

예배의 부흥이 필요한 이유

우리는 무언가 죽어있거나 침체되어 있을 때, 부흥이 필요하다고 말합니다. 그래서 예배의 부흥이 필요하다는 것은 내가 드리는 예배 안에서 매순간 하나님의 임재를 경험하는 것이 필요하다는 의미입니다. 만약 그렇지 않다면 오늘 우리의 예배에도 부흥이 필요합니다.

본문에서도 사마리아 사람들이 예배를 드렸습니다. 그 사람들은 자신들의 전통을 따라 그리심 산에서 예배를 드렸습니다. 왜냐하면, 북이스라엘 사람들이 남쪽 유다의 성전으로 내려가서 예배를 드리지 못하였기 때문입니다. 한번 남쪽으로 내려가려다가 큰 싸움을 겪고 다시 올라와서 그들이 북쪽 산의 거룩한 곳이라고 생각하는 그리심 산에 성전을 만들어 놓고서 예배를 드린 것입니다. 그러나 중요한 것은 그 예배 속에 하나님의 임재가 없고 예배가 형식적으로 흘러갔던 것 같습니다. 그래서 예수님을 만났던 사마리아 여인도 하나님에 대한 예배를 드렸을지 몰라도 그 예배 안에 어떠한 감동도, 역동성도 없었다는 것입니다. 그러나 지금 예수님을 만나고 나니 예배에 대한 갈급함이 생기게 된 것입니다. 내가 하나님을 경험하고 예수를 만나고 나니까 마음속에 뜨거움이 생겨나기 시작하는 것입니다. 그러고 나서 어떻게 하면 예배를 드릴 수 있느냐고, 어떻게 하면 하나님이 받으신 온전한 예배를 드릴 수 있는지 이야기하고 있는 것입니다. 이처럼 우리는 예배의 회복과 부흥이 필요합니다.

1. 하나님이 우리를 창조하신 목적

예배의 부흥이 필요한 첫 번째 이유는 예배가 하나님이 우리를 창조하신 목적이기 때문입니다. 예배는 하나님과 나와의 관계입니다. 하나님과 만나서 하나님과의 깊이 있는 관계를 정립해 나가는 것이 예배입니다. 하나님이 인간을 창조하실 때 하나님의 형상과 모습대로 만드시고 그 인간에게 하나님의 영을 불어 넣어주셨습니다.

그러나 그러한 인간이 선악과를 따먹고 죄를 짓게 됩니다. 그런데 인간이 죄를 짓기 전에 먼저 죄를 지은 존재가 있습니다. 바로 타락한 존재인 천사입니다. 타락한 천사는 먼저 하나님의 지위에 올라가려고 하다가 떨어졌습니다. 인간이 처음 죄를 짓게 된 것도 결국 타락한 천사, 사단의 속임수에 넘어갔기 때문입니다. 사단이 성공하지 못한 것을 하나님의 형상과 모습대로 지음 받고 하나님의 영이 부어진 그 인간을 통해 대리만족을 얻고 인간을 끌어내리기 위하여 결국 인간을 선악과의 유혹에 빠뜨린 것입니다.

하지만 하나님은 창세기 3장 8절부터 타락한 인간을 구원하시기 위해서 쉬지 않고 일하고 계십니다. 왜냐하면 우리는 하나님의 분신과도 같은 존재이기 때문입니다. 하나님은 인간과 깊게 교제하시기 위해서 인간을 하나님의 형상과 모습대로 지으셨고, 하나님의 영을 불어 넣어 주셨습니다. 그러나 인간이 죄를 지으면서부터 하나님과의 관계가 깨어졌습니다. 예배는 하나님과의 관계라고 했습니다. 친밀한 관계, 만나면 만날수록 깊어지는 관계라고 했습니다. 그런데 죄가 들어오면서부터 하나님과의 관계가 깨어졌기 때문에 쉽게 하나님 앞에 나아갈 수 없게 되었습니다. 그렇기 때문에 하나님께서 인간을 창조하신 목적은 있는데 그 목적대로 살아갈 수 없게 된 것입니다.

전도자로서 저에게 가장 중요한 사명은 복음으로 영혼들을 구원하며, 그들을 주 안에서 양육하고 성장시키는 것입니다. 물론 성장의 목표라고 하면 그리스도의 장성한 분량에 이르기까지 예수를 닮는 제자라고 말할 수 있습니다. 그리고 그들을 통해서 영적인 재생산을 시키는 것이 목적이라고 이야기 할 수 있습니다. 그러나 성경을 보면서, 가장 중요한 것이 하나님에 대한 예배임을 새롭게 깨닫게 되었습니다. 왜냐하면, 우리가 구원받은 그 순간, 성장해가는 과정, 장성한 분량에 이르는 모든 과정 속에서 지속되는 것이 바로 하나님을 만나는 예배이기 때문입니다. 예배 운동을 일으키는 사람들이 하는 말이 있습니다. 천국에서 마지막에 남아있는 것이 예배 밖에 없다고 말입니다. 그래서 하나님은 우리가 이 땅 어느 곳에서든지 하나님을 예배하며 창조의 목적대로 하나님과의 관계가 회복되길 원하십니다. 그래서 예배의 부흥이 필요한 첫 번째 이유를 하나님이 우리를 창조하신 목적대로 우리가 회복되어지기 위함이라고 말씀드리고 싶습니다.

2. 하나님을 만나고 친밀함을 누림

예배의 부흥이 필요한 두 번째 이유는, 예배를 통해서 하나님을 만나고 친밀해질 수 있기 때문입니다. 예배라는 통로를 통해서 하나님을 만나지 못한다면 무엇을 통해서 하나님을 만날 수 있습니까? 물론 큐티와 기도도 예배 시간이라고 할 수 있습니다. 우리가 하는 모든 형식과 행위가 하나님과의 깊은 교제를 할 수 있게 해준다면 그것은 하나님을 예배하는 형식이라고 할 수 있습니다.

오늘날 제도화된 예배도 어떻게 하면 하나님을 더 깊게 만날 수 있고, 하나님의 보좌 앞으로 가까이 데려다 놓을 수 있을까 하는 연구 속에서 생겨난 것입니다. 그런데 그 예배가 형식에 치우치게 되면 때로는 예배의 본질을 놓칠 수 있기 때문에 문제가 될 수 있습니다. 그러므로 예배를 통해서 하나님을 만나고 하나님을 만나야 친밀해질 수 있기 때문에 예배의 부흥이 오늘날 우리들에게 더욱 필요해지고 있습니다.

3. 이 땅을 살아갈 힘의 원동력

예배의 부흥이 필요한 세 번째 이유는 예배는 우리가 이 땅을 살아갈 힘의 원동력을 불러 일으켜주기 때문입니다. 제가 목회를 할 때, 하나님 앞에 약속한 것이 있었습니다. 몇 명이 모이든 매번 드리는 예배 속에 부흥이 있을 수 있도록 최선을 다해서 준비한다는 것입니다. 예배 안에 하나님의 임재가 있을 수 있도록 생명을 걸고 노력을 하였습니다.

그런데 예배가 형식처럼 느껴지고 하나님의 임재가 없다고 느껴지면 마음이 무겁고 어려웠습니다. 그래서 어떻게 하면 다시 예배를 끌어올릴 수 있는지 혼자 울기도 하고 몸부림도 많이 쳤습니다. 그런데 놀라운 것은 한 번의 예배 속에서 눈물이 있고 성령의 만지심이 있고 회복이 있으면 예배가 기대가 되는 것입니다. 한 번의 예배를 드려도 성령의 임재 속에서 회복이 있고 치유가 있고 회개가 있다면, 그 힘이 바로 이 땅을 살아가는 원동력이 되는 것입니다. 그런데 많은 사람들이 매번 드리는 예배를 통해서 하나님을 만나는 경험들이 지속적으로 되지 못하니까 어떤 특별한 은혜를 구하면서 예배가 변질되어갈 수 있는 것입니다.

내가 속한 공동체와 조직, 교회 정황과 여건들 속에서도 가장 중요한 것은 바로 '나'입니다. 내가 하나님 앞에 온전하게 예배드리고자 나아간다면 그 예배 형식을 통해서 만족되지 못했다고 할지라도, 하나님은 어떠한 방법으로든 나에게 찾아와 만나 주시고 힘을 공급해 주실 수 있습니다. 그러나 예배를 통해서 하나님을 만나는 경험들이 사라져 간다면 그리스도인들은 단지 명목상의 신자일 뿐이지 힘과 능력도 없는 그리스도인이 될 수밖에 없다는 것입니다. 주님을 위해 의로운 분노를 내야 할 때 잠잠히 있고, 울어야할 때 메말라 있고, 싸워야할 때 주저하고 있는 사람이 되는 것입니다. 그동안 잘못 드려왔던 예배의 습관이 있다고 한다면 이 시간을 통해 진정한 예배의 모습으로 회복되길 원합니다.

왜 살아 있는 예배를 드리지 못할까?

우리는 진정한 예배의 회복이 얼마나 중요한지 알게 되었습니다. 그렇다면 왜 우리는 그동안 진정으로 살아있는 예배를 드리지 못하는 것일까요? 그 첫 번째는 예배가 무엇인지 진정으로 알지 못하고 형식에만 치우쳐있기 때문입니다. 한 예로 어떤 사람들은 예배 안에서 찬송가만을 불러야 한다고 합니다. 또 어떤 사람들은 복음성가만을 불러야 한다고 합니다. 그러나 찬송가를 부르든, 복음성가를 부르든 그 곡에 영감을 받아서 작곡한 사람들의 마음을 헤아리고 가사를 통해서 하나님의 임재를 간구하며 부른다면, 어떠한 곡이든 문제가 되지 않습니다. 성숙한 사람이라면 어떤 찬양을 부르든지 간에, 그 찬양을 만들게 하신 하나님의 마음이 내 안에 느껴지기만 한다면 그 찬양 안에서 하나님의 임재를 경험할 수 있을 것입니다. 그런데 많은 사람들은 예배가 무엇인지 알지 못하니까 여태까지 해왔던 전통과 형식에만 얽매인다는 것입니다.

우리가 어떤 찬양을 부르든지 가사를 보고 영적으로 하나님께 집중한다면 느껴지는 움직임이 있습니다. 그것들을 느끼지 못하기에 이 찬양은 옳지 않다는 선입견으로 하나님 앞에 온전히 나아갈 수 없는 것입니다. 그렇기 때문에 나에게 익숙한 형식과 순서가 아니라 모든 것을 통해서 임재하실 하나님을 기대하는 것이 예배자의 중요한 자세입니다.

두 번째로 살아있는 예배를 드리지 못하는 이유는 예배를 통해서 하나님의 임재를 경험해 본적이 없기 때문입니다. 예배를 통해서 하나님이 역사하신 것을 경험해 본 사람은 가만히 있을 수 없습니다. 이 예배를 통해서 하나님께서 나를 얼마나 만나 주실지에 대한 설레임을 갖게 됩니다. 두근거리는 기대가 없는 사람은 사랑을 모르는 사람입니다. 사랑하니까, 만나고 싶고, 만나려고 하니 가슴이 두근거리는 것과 마찬가지입니다.

만약, 오늘 사랑하는 이를 만난다고 한다면 무슨 이야기를 하고 어떻게 사랑을 표현할 것인지에 대한 설레임이 생깁니다. 이와 마찬가지로 예배에서 하나님을 만난 사람들은 하나님에 대한 설레임과 기대감을 갖기 마련입니다. 하나님께서 나를 위로하신 경험을 가진 사람은 예배의 시간 속에서 하나님을 만나고자 하는 기대감이 있습니다.

세 번째로 예배에 진정한 부흥을 경험하지 못하는 이유는 내가 낮아져서 꿇어 엎드리지 못하기 때문입니다. 앞서 우리는 예배라는 단어가 근본적으로 '낮아지고 엎드려져 굴복하다' 라는 의미임을 살펴보았습니다. 예배는 하나님을 만나고 하나님과의 관계를 깊게 하는 것이라고 했습니다. 하나님은 크신 팔을 벌리시고 나를 기다리시는 데 나는 왜 만나지 못할까요? 내가 하나님을 만나지 못하는 이유는 내가 엎드리지 못하고 굴복하지 못하기 때문입니다. 그래서 내 안에 있는 자존심들과 내 안의 것들, 하나님을 만나는 데 방해가 되는 모든 요소들을 깨뜨리고, 낮아지기만 한다면 하나님을 만날 수 있습니다.

'하나님, 당신 밖에 없습니다. 당신만이 나를 회복시키실 수 있는 분이십니다.' 라는 진솔한 고백이 우리에게 있어야 합니다. 하나님을 만난 사람들은 하나님의 면전에서 낮아지고 꿇어 엎드리는 자들이었습니다. 여러분이 하나님을 만나길 원한다면, 하나님 앞에 온전히 낮아져야 한다는 것을 잊지 마십시오.

우리가 이렇게 엎드려야 진정한 예배가 시작되며, 그 예배의 시작은 하나님과의 만남에 있습니다. 그래서 내가 하나님을 만나기 위해서는 낮아져야 합니다. 창세기로 돌아가서 보면 죄라고 하는 것은 하나님과 의존적인 관계를 끊어 버리고 독립적으로 서서 스스로 할 수 있다고 하나님으로부터 뛰쳐나온 것입니다. 그렇기에 다시 그 관계로 돌아가기 위해서는 그 분에게 내 삶을 다 의탁하고 굴복하고 들어가야만 합니다. 그러므로 예배의 형식과 순서가 그 분을 만나게 하는 것이 아니라 나의 자세가 예배를 드리는 시작이 되는 것입니다. 그래서 이 시간 하나님께 대한 나의 전적인 굴복을 '육체의 꿇어 엎드림, 마음의 꿇어 엎드림, 영적인 꿇어 엎드림'이라는 세 가지 차원으로 말씀드리겠습니다.

육체의 꿇어 엎드림

누가복음 18장 9절에서 14절까지 보겠습니다.

9 또 자기를 의롭다고 믿고 다른 사람을 멸시하는 자들에게 이 비유로 말씀하시되
10 두 사람이 기도하러 성전에 올라가니 하나는 바리새인이요 하나는

세리라

11 바리새인은 서서 따로 기도하여 이르되 하나님이여 나는 다른 사람들 곧 토색, 불의, 간음을 하는 자들과 같지 아니하고 이 세리와도 같지 아니함을 감사하나이다

12 나는 이레에 두 번씩 금식하고 또 소득의 십일조를 드리나이다 하고

13 세리는 멀리 서서 감히 눈을 들어 하늘을 쳐다보지도 못하고 다만 가슴을 치며 이르되 하나님이여 불쌍히 여기소서 나는 죄인이로소이다 하였느니라

14 내가 너희에게 이르노니 이에 저 바리새인이 아니고 이 사람이 의롭다 하심을 받고 그의 집으로 내려 갔느니라 무릇 자기를 높이는 자는 낮아지고 자기를 낮추는 자는 높아지리라 하시니라

이 본문 말씀에서 보면 성전에 올라가는 두 사람이 나옵니다. 대표적인 한 사람은 바리새인이고 한 사람은 세리였습니다. 유대인에게 바리새인은 가장 대표적으로 하나님의 율법을 외형적, 형식적으로 잘 준행하는 사람이었습니다. 그리고 세리라는 존재는 매국노와 같이 취급받던 죄인 중에 죄인이었습니다. 이 둘은 하나님께 예배하는 태도도 정반대였습니다. 바리새인은 서서 따로 기도하고 세리는 멀리 서서 감히 하늘을 우러러 보지도 못하였습니다.

저는 이것을 하나님을 예배하는 태도라고 보고 싶습니다. 바리새인은 아주 자신 있고 당당한 모습입니다. 그런데 세리의 모습은 꿇어 엎드린 모습이었습니다. 바리새인의 서서 기도하는 모습은 기도하는 바

른 자세입니다. 유대인들은 서서 기도하기도 했습니다. 그런데 문제는 따로 기도했다는 것입니다. 이것은 죄인인 세리와 같이 기도할 수 없다는 것입니다. 여기에 하나님께 온전히 엎드리지 못한 자세가 나타나고 있습니다. 바리새인은 자기중심적이었습니다. 하나님 중심이 아닌 자기중심이라는 것입니다.

앞서 우리가 하나님 앞에 진정한 예배를 드리지 못하는 것은 온전히 엎드리지 않았기 때문이라고 말씀드렸습니다. 바리새인이 엎드리지 못하는 것은 자기중심적으로 사람들을 보고 정죄했기 때문입니다. 하나님의 편에서 하나님의 시각으로 영혼을 바라보는 것이 아니라 '이 사람은 죄인이다' 라는 내 생각, 자기중심적으로 영혼을 판단하였기에 따로 기도했던 것입니다.

엎드린다는 것은 하나님에 대한 전폭적인 굴복입니다. 그런데 하나님께 묻지 않고 그 사람을 죄인 취급하고, 따로 섰다는 것은 바리새인에게 엎드리지 못하게 만드는 이유가 되었습니다. 사실 바리새인은 외형적으로 하나님 앞에 일주일에 세 번씩 금식을 하고, 어려운 사람을 돕고 율법을 온전히 지키는 사람처럼 보였지만 그는 자기중심적으로 하나님 앞에 나아갔던 사람이기 때문에 엎드리지 못했습니다. 교회에 빠지지 않고 열심히 헌신하고, 봉사하고 하는 일이 많아도 왜 예배드릴 때마다 회복이 있지 않습니까? 왜 예배드릴 때마다 하나님의 사람으로 다듬어지지 못하는 것입니까? 예배는 하나님을 만나는 통로이기에 하나님의 사람이 되기 위한 가장 중요한 방법입니다. 우리는 훈련을 통해서나 다른 어떤 프로그램을 통해서 하나님의 사람으로 만들어져 가기 위해 의존하며 쫓아갑니다. 그러나 예배라고 하는 것은 일대일의 하나님과 나와의 관계입니다. 예배를 통해서 하나님과 만남으로 내가 다듬어지지 못한다면 얼마나 안타까운 일인지 모릅니다. 지금 이 바리새인이 그러한 안타까운 모습의 전형입니다. 그렇게 열심을 내어서 예배에 참석하고 모든 일을 다 하였어도 예배를 통해서 하나님을 만나지 못한 예배는 형식과 외식으로 밖에 흘러갈 수 없는 것입니다. 바리새파는 중간기 시대에 많은 파들 중에서 어느 누구도 하나님 앞에 온전히 나아가지 못하는 모습을 보고 우리만큼은 하나님의 율법대로 살아가야 한다고 주장했던 사람들입니다. 그런데 왜 형식과 외식의 대표적인 주자가 되었습니까? 그 안에 하나님의 임재가 없어서 그런 것입니다. 하나님의 임재가 없는 가운데 하는 열심은 자기 의가 되어 버리는 것입니다. 이것이 그들의 예배가 형식과 외식으로 흘러가버린 이유였습니다.

반면에 세리는 멀리 서서 감히 하늘을 우러러 보지도 못합니다. 하늘을 우러러 보지 못하는 것이 바로 엎드림입니다. 엎드림은 영어로 'face down'이라고 합니다. 이것이 바로 육체적인 엎드림이라는 것입니다. 우리가 영적으로, 심적으로 하나님 앞에 엎드리려는 마음이 있다면 육체적으로도 드러난다고 생각합니다. 세리는 내세울만한 자기의 의가 없었습니다. 하나님이 돕지 않는다고 한다면, 하나님이 긍휼을 베풀어 주시지 않는다고 한다면, 내가 너를 사랑한다고 말씀해 주시지 않는다면 도저히 어쩔 수 없는 자가 세리였습니다.

그래서 이 세리는 하나님 앞에 전적으로 엎드리게 되었습니다. 이처럼 전적으로 엎드려야 우리는 하나님의 임재를 경험할 수 있습니다. 그렇다면 이제 내가 엎드리고 싶은데 왜 엎드리지 못하며, 예배의 자리에 나왔는데도 하나님의 임재를 경험하지 못하는지, 자신으로 하여금 하나님 앞에 엎드리지 못하게 만드는 이유들이 무엇인지를 살펴보아야 합니다.

그리고 나서 이 기도의 내용을 보니, 바리새인은 자기 의를 내세우는 기도를 합니다. 결국 이 기도는 자기 가슴을 치는 것이 아니라 남의 가슴을 치면서 기도하는 것입니다. 내가 내 가슴을 치고 하나님 앞에 나아가야 하는데, 내가 한 일들이 자기 의가 되어서 하나님 앞에 남들이 하지 못한 일에 대해서 정죄를 하게 되는 것입니다.

그러나 세리를 보니까, 세리는 '나는 죄인입니다.' 라고만 고백합니다. 남의 가슴을 치는 것이 아니라 자신의 가슴을 치면서 기도하는 것입니다. 한 학자가 예배를 드릴 때 우리가 감격하고 살아있는 예배를 드릴 수 있는 세 가지 요소를 말하였습니다. 첫 번째는 'Broken heart' 깨어진 마음입니다. 깨어지고 상한 마음을 갖고 하나님 앞에 나와서 울 때 우리는 완전히 엎드려질 수 있습니다. 그러므로 우리는 늘 죄 짓고 하나님이 원하시는 대로 살아가지 못하는 존재이기에, 그로 인해 내 안에 깨어진 마음을 돌아보아야 합니다. 그로 인해 내 안에 상한 마음을 갖고 하나님 앞에 엎드려져야 하는 것입니다. 두 번째는 'Bent knees' 꿇은 무릎이라는 것입니다. 하나님 앞에 온전히 깨어진 마음을 갖고 꿇어앉아야 하는 것입니다. 세 번째는 'Wet eyes' 젖은 눈입니다. 이 세 가지만 있으면 성공한 예배라고 했습니다. 하나님 앞에 이러한 예배자의 모습이 회복될 수 있길 원합니다.

마음에 꿇어 엎드림

요한복음 4장을 보면, 예수님이 사마리아 여인을 만나 주시는 장면이 나옵니다. 성경에 보면 예수님이 남쪽 유대 땅에 있는데 북쪽 갈릴리로 가셔야 합니다. 그런데 그 중앙 지대에 사마리아를 통과하여야 된다고 요한복음 4장 1절과 2절에 나옵니다. 그런데 이 말씀에서 놓치지 말아야 할 것은 남쪽의 유대 사람들이 북쪽 갈릴리로 갈 때 주로 갔던 길이 있었다는 것입니다. 그것은 왼편으로 요단강을 끼고 올라가든지, 오른편으로 사해를 끼고 올라가는 방법이 있었습니다. 직진으로 가는 길이 가장 빨랐지만 그들은 그 길로 잘 다니지 않았습니다. 그 이유는 그 길은 사막이기 때문이었고, 또한 그 길에는 남쪽 사람들이 상종하지 않는 사마리아 사람이 있었기 때문입니다.

그런데 유대 사람들은 잘 다니지 않은 길을, 지금 예수님이 그곳을 통과해서 가야겠다고 성경에 기록되어 있습니다. 그렇다면 이것은 예수님의 의도라고 할 수 있습니다. 한 여인을 만나 주시기로 하는 의도 말입니다.

이 말씀 구절은 다양한 각도로 비추어 볼 수 있지만 예배의 초점에서 바라보고 싶습니다. 본문에서 가장 중요한 것은 하나님께서는 지금 영과 진리로 예배하는 자들을 찾으신다는 것입니다. 그런데 예수님께서 이 말씀을 하시기 위해서 굳이 사마리아 성을 통과해서 그 길을 가야겠다고 하신 의도가 있었다는 것입니다. 예배하는 자를 찾으시려는 의도가 있다는 것입니다.

그렇다면 누가 영과 진리로 예배하는 자라는 것입니까? 사마리아 여인이라는 것입니다. 쉽게 이해가 되지 않을 수 있습니다. 얼마나 많은 사람들이 있는데, 왜 다섯 번이나 결혼하고 음란하고 방탕하게 살았던 여인을 예배하는 자라고 예수님께서 찾아가시는 것입니까? 그렇다면 하나님을 예배하기 위해서는 우리가 그만큼 못살아야 하는 것인가요? 그만큼 죄를 지어야 하는 것인가요? 하나님을 영과 진리로 예배하기 위해서는 우리가 밑바닥까지 가야하는 것입니까? 물론 그럴 수도 있지만 가장 중요한 요소가 엎드림이라고 보는 것입니다. 예수님은 그 여인의 마음 가운데 있는 꿇어 엎드리는 모습을 보았던 것입니다.

이 여인은 물론 죄도 많이 지었고 많은 사람들에게 따돌림도 당했습니다. 그 여인은 다른 사람들이 물을 다 뜨고 나서야, 사막의 해가 머리끝에 떠있는 그 뜨거운 시간에 먹고 살기 위해서 간신히 물을 길러 간 여자입니다. 예수님이 이러한 여인에게서 보신 것이 있습니다. 죄는 누구나 짓고 삽니다. 그러나 중요한 것은 하나님 앞에 엎드릴만한 자세가 되었냐는 것입니다. 하나님 앞에 엎드려져야 진정한 예배가 시작되는 것입니다. 엎드린다는 것은 하나님께 대한 완전한 굴복이며 순종이기 때문입니다.

예수님은 유대인이시고 여인은 사마라아인임에도 불구하고 예수님은 혈통을 무시하고 찾아가셨습니다. 또한 성별을 상관하지 않으시고 찾아가셨습니다. 예수님은 남성이고 여인은 여성이었습니다. 세 번째로 예수님은 피곤함을 무릅쓰고 찾아가셨습니다. 사막에 해가 뜬 시간에 육체적으로 힘드셨어도 찾아가셨습니다. 네 번째로 도덕적인 위험성에도 불구하고 찾아가셨습니다. 남자가 여자에게 먼저 말을 걸었을 때, 수상한 남자로 의심을 받을 수 있음에도 불구하고 찾아가셨습니다. 그리고 여러 가지 신앙의 차이도 극복하시고 찾아가셨습니다. 사마리아 사람들이 예배하는 것과 유대인들이 예배하는 것은 차이가 있었습니다. 그런데 이 모든 것들을 극복하시고 예수님께서 친히 찾아가셨다는 것입니다. 왜냐하면 이 사마리아 여인은 하나님 앞에 진정으로 예배할 준비가 되어있는 자였기 때문입니다.

예수님이 그 여인을 만나 주셨지만 예수님의 행동에는 분명한 핵심이 있었습니다. 그 여인에게 무조건적으로 하나님을 예배하라고 그 어떤 복음의 메시지를 먼저 전하신 것이 아닙니다. 물을 가지고 말씀하시다가 궁극적으로 이 여인에게 핵심적으로 말씀하신 것이 있습니다.

그것이 바로 죄의 문제였습니다. 그 여인에게 죄에 대해 지적하시고 네 남편을 데리고 오라고 했을 때 이 여인은 힘이 들었을 것입니다. 너무나 아픈 과거였기 때문입니다. 자신이 그것 때문에 따돌림 당하고 외로워 마지못해 살아가는데 그 예수라고 하는 분이 오셔서 자신의 남편을 데리고 오라고 했을 때 얼마나 마음속으로 힘들었겠습니까? 그런데 이 여인은 예수님께서 자신의 죄를 드러내셨을 때, 굴복할 자세가 되어 있었습니다. 물론 예수님께서 단편적으로 말씀하신 것이 아니라 물을 가지고 말씀하시는 이전의 과정이 있었습니다. 물을 생수로 바꾸시고 생수를 영생수로 바꾸어주신 단계별로 올리신 과정이 있었지만 중요한 것은 예수님이 그 여인에게 죄를 지적하셨을 때 이 여인은 자신이 너무나 많은 죄를 지어온 자임을 깨닫게 되었습니다. 그래서 이 죄의 문제를 자신이 감당해야 되는 문제로 깊게 느끼자 그 자리에서 엎드릴 수밖에 없었습니다.

이 순간 성령님께서 임재 하셔서 여러분의 죄들을 드러내실 때에 여러분들은 기꺼이 '주님 저는 죄인입니다. 이 모든 것이 나의 죄입니다.' 라고 엎드릴 자세가 되어 있습니까? 성령께서 우리에게 찔림을 주고 가책을 주실 때, '내가 죄인입니다. 내가 그런 죄를 지었고, 이것 때문에 하나님 앞에 온전히 나아가지 못했습니다. 내 마음이 너무나 아프고 눈물이 납니다. 온전히 나를 받아주세요. 온전히 하나님 앞에 굴복하고 꿇어 엎드리겠습니다' 라는 자세가 있기를 바랍니다. 만약 그러한 모습이 회복된다면, 하나님께서 우리 가운데 놀라운 예배의 부흥을 허락하시리라 믿습니다.

영적인 꿇어 엎드림

마지막으로 주님 앞에 예배를 드릴 때 우리의 영적인 꿇어 엎드림이 필요합니다. 마태복음 5장 1절부터 3절까지입니다.

1 예수께서 무리를 보시고 산에 올라가 앉으시니 제자들이 나아온지라
2 입을 열어 가르쳐 이르시되
3 심령이 가난한 자는 복이 있나니 천국이 그들의 것임이요

저는 '영적인 꿇어 엎드림'을 팔복에서 심령이 가난한 자들, 첫 번째 복에 관한 내용을 가지고 말씀드리려고 합니다. 팔복을 깊게 보니까 예수님이 공생애를 시작하시고 나서 무리들이 예수님에게로 몰려드는데 그 무리들에게 예수님이 첫 번째로 말씀해 주신 하나님 나라의 윤리가 산상수훈이고 팔복입니다. 그런데 이 팔복 가운데 심령이 가난한 자 이야기가 첫 번째 복이라는 것입니다. 그것은 바로 예수님에게 무엇이라도 얻을까 바라보고 나온 사람들에게 예수님께서 갈급한 그들의 심령을 채워주신 첫 번째 메시지가 "심령이 가난한 자는 복이 있나니 천국이 저희 것임이요." 라는 것입니다.

예수님은 모여든 무리들을 향해서 사랑의 마음을 가지고 계셨습니다. 사실 모인 무리들 대부분은 자기들의 필요에 의해서 예수님으로부터 무엇을 얻을까 해서 모였습니다. 그러나 예수님은 그 무리들을 긍휼히 여기시고 사랑하시는 마음으로 그들의 상태에 가장 적합한 복을 먼저 선포하신 것입니다. 이 무리들은 심령이 가난할 데로 가난해진 자들이었습니다. 왜냐하면 말라기 선지자 이후에 약 400년 동안 영적인 공백기가 있었기 때문입니다.

하나님을 경험했던 사람들이 하나님 없이는 살아갈 수 없습니다. 더군다나, 하나님의 임재 없이 이 400년이라는 긴 시간 동안 민족이 강대국에 억압을 받았으니, 경제, 사회, 정치 등 모든 면에서 얼마나 힘들게 살았겠습니까? 그렇기에 이들은 당연히 메시아의 도래를 소망하면서 살았습니다. 그런데 예수가 하시는 말씀에 권세가 있고, 기사와 능력을 일으키니 예수 안에서 무엇인가를 기대하고 예수님께 몰려

들었을 것입니다. 그런데 예수님은 그들이 지금 당장 필요한 빵이나 다른 여러 가지 회복을 주시기보다, 가장 먼저 근본적이고 중요한 복을 말씀해 주셨습니다.

이것은 모든 소망을 잃어버린 그들이 쉽게 받을 수 있는 것이었습니다. 왜냐하면 그들이 바로 몸과 마음이 가난한 자였기 때문입니다. 그들은 400년의 영적인 공백기를 겪어 오면서 낮을 대로 낮아져 있습니다. '그렇게 너희가 정말로 하나님 앞에 심령이 가난한 자가 되면 너희에게 복이 있고 천국을 경험할 수 있을 것이다.' 라고 말씀하시는 것입니다.

그렇다면 심령이 가난하다는 것은 무슨 의미입니까? 한 마디로 영적인 파산을 선언하는 것입니다. '하나님, 내 안에는 아무것도 선한 것이 없습니다.' 라고 인정하는 것입니다. 이것이 로마서 1장부터 3장까지의 이야기입니다. 로마서 1장부터 3장까지의 말씀은 죄에 대한 이야기가 많습니다. 그것을 읽어가면서 우리가 고백하게 되는 것은 '하나님, 제 안에는 선한 것이 아무것도 없습니다.' 라는 고백입니다. 예수님 앞에 모여든 그 무리들에게 어떤 것을 준다고 한들, 그들에게 무엇이 복이 될 수 있는지 알 수가 없습니다. 그들이 있는 상태에서 가장 쉽고, 가장 편하게 받을 수 있는 복이 '심령이 가난한 자의 복' 이었다는 것입니다.

400년 동안 그들이 잘못해서 하나님께서 그들에게 선지자를 보내지 않으셨지만, 그 시간들 속에서 그들을 다듬어 가신 것이 있었습니다. 영적인 파산이 얼마나 중요한 것인지, 도저히 하나님 앞에는 내가 살아갈 수 없다는 것을 경험하게 하신 것입니다. 그래서 그 모여든 무리에게 말씀하십니다. '하나님, 나는 영적으로 파산당한 자입니다. 내 안에는 선한 것이 아무것도 없기에 하나님만이 나를 도와주셔야 합니다.' 라고 고백하게 하십니다. '나에게 돈이 주어지고 문제가 해결되어져도, 나는 다시 이 문제 때문에 고민하고 이 문제 때문에 헤매고 다닐 것입니다. 그러니까 나는 영적으로 파산을 선언하며, 전적인 하나님의 도움을 구합니다.' 이것이 바로 영적인 엎드림이라는 것입니다. 이 시간 우리에게 하나님을 향한 영적인 엎드림이 있길 원합니다.

이처럼 엎드림이라는 것은 완전히 굴복하는 행위입니다. 그래서 육체만 엎드리는 것이 아니라, 죄를 자각하는 마음의 엎드림으로 이어져야 합니다. 성령께서 예배와 말씀 가운데 분명히 깨달음을 주실 것입니다. 왜냐하면 하나님은 살아계시고 우리를 사랑하시기 때문에 반드시 말씀하실 것입니다. 그 때 하나님 앞에 순수하게 인정하고 받아드리시기 바랍니다. 이것이 바로 마음의 엎드림입니다. 그 때 우리는 영적으로 엎드릴 수 있습니다. 바로 영적인 파산 상태를 선언하라는 것입니다. '하나님 없이 내가 살았습니다. 내가 형식적으로는 하나님 앞에는 나왔지만 내 안에는 선한 것이 하나도 없습니다.'

예수님 앞에 모인 무리들은 그 누구보다도 영적인 파산 상태를 선언할 수 있는 사람들이었습니다. 그들은 하나님과의 만남 없이 그 분으로부터 어떠한 것도 없을 수 없었습니다. 그렇게 영적으로 암흑기와도 같은 400년 동안을 힘들게 살아왔습니다. 그렇기 때문에 심령이 가난한 사람이 얻게 되는 복의 선포는 예수님의 놀라운 배려인 것입니다. 이것이 영혼을 향한 주님의 사랑입니다. 인간이 타락한 이후부터 아버지의 마음은 언제나 사랑이었습니다. 누가복음 15장의 탕자의 비유를 보십시오. 아버지는 언제까지나 기다리는 분이셨습니다. 예수님 앞에 모여든 무리들을 향해서, 예수님은 그들이 준비되어 있어 가장 쉽게 할 수 있는 일을 복된 일로 선포해 주신 것입니다.

하나님께 온전히 엎드려라

여러분, 가진 것이 많아서 아직 내가 포기할 것들이 많아서 포기하지 못해서 엎드리지 못한다고 한다면 그것만큼 불행한 것이 없습니다. 하나님이 원하시면 육체적으로도 엎드리고, 그리고 성령께서 죄를 자각하게 하셔서 잊어버리고 있었던 죄의 문제를 떠오르게 하시면, 그 찔림으로 인해서 마음이 엎드려질 수 있기를 원합니다. 그리고 또 하나님 앞에 내 안에 선한 것이 없다고 영적인 파산을 선언하며 하나님의 긍휼과 은혜를 간절히 구하며 엎드립시다. 내가 온전히 굴복할 때 하나님이 찾아오십니다. 그리고 일으켜 주시는 분도 하나님이십니다.

내가 가지고 있는 돈, 내가 알고 있는 사람, 내가 잡고 있는 관계 등, 내가 가지고 있는 것을 내려놓지 못해서 하나님을 만날 수 없다면 그것만큼 어리석은 것이 없습니다. 차라리 내가 가진 것 없어서 하나님을 깊게 만나는 것이 축복입니다. 우리 하나님 아버지께는 모든 것이 다 있기에 필요할 때에 공급해 주시기 때문입니다. 하나님 앞에 온전히 엎드리는데 방해가 되는 요소들이 무엇이 있습니까? 성령께서 그 요소들을 생각나게 하실 때 온전히 내려놓을 수 있기를 원합니다.

우리는 아무에게나 엎드릴 수 없습니다. 우리가 엎드릴 대상은 지존하신 하나님 한 분 뿐입니다. 그 분이 우리의 창조주이시며 구원자이시며, 통치자이십니다. 우리가 그 지존하신 주님 앞에 내가 이제까지 의지하며 살아온 모든 것을 다 내려놓았으면 좋겠습니다. 그 분 앞에 철저히 꿇어 엎드릴 때, 우리는 비로소 주님의 임재 가운데 예배 부흥의 시작을 경험할 수 있을 것입니다.

'하나님, 내가 이제까지 할 수 있다고 생각하며 살아 온 것을 다 내려놓겠습니다. 내 힘과 내 능력으로 살아왔던 것 다 내려놓겠습니다. 나를 만나 주십시오. 하나님을 만나야 그 예배가 성공한 예배임을 믿습니다. 이 시간 하나님을 만나는 데 방해가 되고, 제가 당신 앞에 엎드리는데 방해가 되는 나의 모습들을 성령의 감동으로 보게 하시고, 온전히 깨뜨려서 내려 놓게 해 주십시오. 나는 나를 제대로 바라볼 수 없습니다. 성령께서 이 시간 나를 조명하여 주시옵소서. 나는 다 내려놓았다고 생각하는데 아직도 남아있는 찌꺼기 같은 것이 있고 포기해야 하는 것이 있습니까? 성령으로 조명하여 주옵소서. 온전히 엎드려져야 당신을 만날 수 있음을 깨달았습니다. 내가 온전히 엎드릴 수 있도록 도와주십시오. 하나님 아버지를 만나고 싶습니다.'

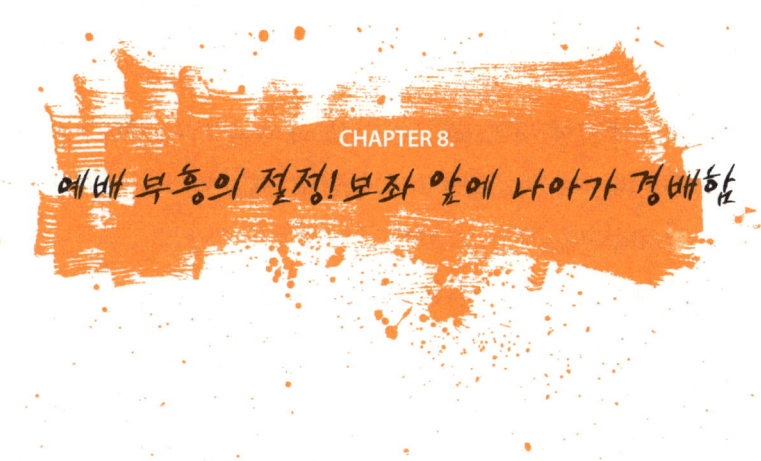

CHAPTER 8. 예배 부흥의 절정! 보좌 앞에 나아가 경배함

요한계시록 7:9-12

9 이 일 후에 내가 보니 각 나라와 족속과 백성과 방언에서 아무도 능히 셀 수 없는 큰 무리가 나와 흰 옷을 입고 손에 종려 가지를 들고 보좌 앞과 어린 양 앞에 서서
10 큰 소리로 외쳐 이르되 구원하심이 보좌에 앉으신 우리 하나님과 어린 양에게 있도다 하니
11 모든 천사가 보좌와 장로들과 네 생물의 주위에 서 있다가 보좌 앞에 엎드려 얼굴을 대고 하나님께 경배하여
12 이르되 아멘 찬송과 영광과 지혜와 감사와 존귀와 권능과 힘이 우리 하나님께 세세토록 있을 지어다 아멘 하더라

예배의 부흥은 우리가 온전히 엎드리는데서 시작합니다. 그래서 하나님 앞에 꿇어 엎드린다는 것, 하나님 앞에 전적으로 굴복한다는 것, 하나님 앞에 전적으로 나의 가진 모든 것을 내려놓는 것이 진정한 예배 부흥의 시작이라고 말씀드렸습니다. 그리고 육체적으로도 엎드리지만 마음과 심령의 엎드림에 대해서 말씀드렸습니다. 다시 말해서,

우리가 하나님 앞에 전적으로 꿇어 엎드려 굴복할 때, 하나님이 찾아오시고 우리의 예배를 받으시고 만나 주시는데 이것이 예배 부흥의 시작이라는 것입니다.

이러한 예배의 부흥이 시작이 있다면 절정이 있고 끝이 있습니다. 그래서 저는 이번 장에서 이 예배의 절정을 이렇게 말씀드리고 싶습니다. 예배의 절정이란 하나님의 보좌 앞에 나아가서 하나님과 죽임 당하신 어린 양을 바라보는 데까지 나아가 그분께 모든 감사와 영광과 존귀와 능력을 올려드리는 것이라고 말입니다. 이러한 놀라운 경험이 예배 가운데 있어야 하는데 우리의 많은 예배가 이렇게 보좌 앞으로 치고 올라가지 못하는 것 같아서 안타깝습니다.

보좌 앞으로 올려드려야 하는 찬양

제가 목회를 하면서 하나님께 배운 것이 있습니다. 목회를 하는 것이 영혼을 돌보는 것인데 영혼을 돌보기 위해서는 못하는 게 없어야 하는데, 저는 못하는 게 너무 많아서 하나님 앞에 기도하기 시작했습니다. 그러면서 그 기도가 더 깊게 들어가는 하나님의 축복도 받았고, 사람들을 붙여주시고 환경들을 열어주셔서 하나 둘씩 배워가기 시작했습니다. 기도가 깊은 임재 속에 들어가고, 하나님과의 깊은 교제가 있으면서 참 기뻤습니다.

그러다가 어느 날, 제 마음 속으로 하나님께 물어보았습니다. '하나님, 왜 이렇게 기쁜 일들을 이제야 만끽하게 되는 것이지요?' 라는 질문이었습니다. 그리고 기도가 깊게 들어갔을 때 하나님께 드려지는 기도는 '하나님, 저 돈이 떨어졌는데요. 하나님, 저 아픈 곳이 있어요.'라는 기도가 아니었습니다. 기도가 하나님께 높이 올라갈 때, 그 하나님 앞에서는 무조건 영광이었습니다. 하나님 앞에서 이십사 장로들이 면류관을 벗어서 그 보좌 앞에 던지는 것처럼, 우리도 하나님을 바라보면서 모든 영광과 감사와 찬양을 올려 드리게 되는 것입니다. 내가 가지고 있는 모든 것으로 하나님께 영광 올려드리는 것입니다.

그런데 기도 중에 그 상황에 맞는 찬양을 드리려고 하는데 별로 없다는 것을 깨닫게 되었습니다. 그 상황에서 '육체의 정욕을 이길 힘은' 이라는 찬양이 맞지 않았습니다. 그 거룩하신 하나님을 찬양하고 존귀하신 예수님을 찬양하고 그 분에게 영광 올려드리는 찬양들을 부르려다 보니까 왜 하나님께 영광 올리는 찬양을 깊게 하지 못할까하는 생각이 들었습니다. 그리고 왜 사람들은 그런 찬양들을 많이 만들어 부르지 못할까 하는 생각까지 하게 되었습니다. 그러다가 하나님께 물어봤습니다. 하나님을 바라보면서 내 입으로는 쉬지 않고 하나님께 영광이라고 고백하고 싶고 예배하고 싶은데 부를 찬양이 많지 않다고 묻기 시작했습니다. 예전에는 이사야에 나오는 보좌 옆에 있는 네 생물들이 불쌍하다고 생각했습니다. 24시간 동안 쉬지도 않고 하나님 옆에서 날개 짓 하며 '거룩하다, 거룩하다.' 라고 외치는 그 생물들이 지겨울 것이라고 생각했습니다. 그런데 하나님이 경험하게 하시는 것을 누려보니까 그 네 생물들이 이해가 되기 시작했습니다.

제 마음 속에 드는 생각이 많은 사람들이 기도와 찬양과 예배가 이 공중 권세를 뚫고 보좌까지 올라가지 못한다는 마음이 들었습니다. 이 공중권세를 뚫고 올라가지 못하기 때문에 영적인 세계를 경험하지 못하고 그 세계에서 해야 할 일들을 못하는 것입니다. 찬송가와 복음성가 중에서 많은 곡들이 이 땅에서 뚫고 하나님 보좌 앞으로 올라가는 곡들이 많습니다. 그런데 공중권세를 뚫고 하나님 앞으로 올라가면 그곳에 부를 모든 찬양의 내용은 하나님에 대한 영광이며 광대하심입니다. 하나님에 대한 찬양이고 그 하나님에 대한 기도이며 모든 존귀와 위대하심을 올려 드리는 것 밖에 없습니다. 그래서 저는 그 보좌 앞에 나가서 거룩하다고 말하고 하나님을 찬양하고 죽임 당하신 어린 양을 높여드리고 그 창조주의 위대하심과 능력을 높여드리고 싶었습니다. 그런데 오늘 계시록에 보니까 각 나라와 족속, 백성, 방언들이 죽임 당하신 어린 양 앞에 나와서 어떻게 예배하는지를 우리에게 보여주고 있는 것입니다.

우리가 보좌 앞에 나아간다고 했을 때 몸이 지금 나가는 것은 아닙니다. 나중에 있게 될 일이지만 하나님께서 성령으로 감동하셔서 사도 요한을 끌고 올라가신 것 아닙니까? 그래서 천상의 일을 보게 하신 것이고 느끼게 하신 것입니다. 그렇기 때문에 우리의 육신은 이곳에 있지만, 우리의 정신과 영이 이 공중권세 잡은 모든 흑암의 세력들을 뚫고 그 위로 올라가서 그곳에서 우리의 심령이 그 하나님을 바라보는 것을 의미합니다. 이 본문은 우리가 궁극적으로 이 땅을 떠나서 하늘나라에 올라가서 하나님 앞에서 예배할 모습입니다.

그러나 이것이 궁극적인 예배라고 한다면 하나님은 이 땅에서도 예배 받기에 합당한 분이시기에, 이 예배는 이 땅에서도 경험할 수 있는 것입니다. 우리가 이 땅에서도 공중권세를 뚫고 보좌에 드려지는 예배, 그 찬양과 기도를 해야 한다는 것을 안다면, 기도를 한 시간을 해도 뚫고 올라가지 못한다는 것을 느낀다면 결코 만족함이 없는 것입니다. 예배를 두 시간 드려도 뚫어지는 것이 없으면 흡족함이 없는 것입니다. 그렇기 때문에 어떻게 하면 가능한 빨리 공중권세를 뚫고 나의 예배와 기도가 하나님의 보좌 앞에 나아갈 수 있을까에 초점을 맞추어야 하는 것입니다.

보좌 앞에 드려지는 예배

예배의 절정은 바로 우리의 예배가 보좌 앞에 드려질 때입니다. 우리가 이 땅에서 우리의 육신과 생각과 심령이 엎드려질 때 하나님이 받으시는 예배가 시작이 되지만 그것은 시작에 불과하다는 것입니다. 예배 안에서 눈물이 나는 것도 성령의 임재입니다. 그리고 예배 가운데 나의 생각과 정신이 하나님 앞에 엎드려 졌기에 성령님께서 와서 만져주시는 경험도 합니다. 그런데 그것은 예배의 시작이라는 것입니다. 거기에 만족하면 안 되는 것입니다. 예배 안에 눈물을 경험한 사람은 예배 시간 마다 하나님의 만지심과 눈물이 있기를 간절히 바랄 것입니다. 그런데 예배는 그것에서 머무는 것이 아니라 궁극적으로 공중권세를 뚫고 나아가야 하는 것입니다. 우리의 예배가 하나님께서 임재

하셔서 우리를 고치시고 만지시고 회복되는 예배에서 끝나는 것이 아니라, 우리의 예배가 공중의 권세를 치고 올라가서 보좌에 상달되어져야 합니다. 예배가 상달되어지는 것은 주님 앞에 나아가 그 분이 받으시는 예배를 드리는 것입니다. 주님 앞에 예배를 드리며 그 분을 보는 것입니다. 비록 우리의 육신은 이곳에 있지만 우리의 마음의 눈이 열려져 천상으로 치고 올라갔을 때 주님을 볼 수 있게 되는 것입니다.

성경 본문을 보면 첫 번째로 보좌 앞에서 나아온 사람들이 있습니다. 저는 이 성경의 모습이 우리가 드려야 하는 예배의 모형이라고 봅니다. 그런데 이 모습은 나중에 경험될 것이지만 바로 오늘 이 시간에도 우리가 경험할 수 있는 것입니다. 그래서 이 글을 읽는 가운데서도 우리의 예배가 하나님을 경험할 수 있으며, 주님께서 하늘에서 기쁘게 받으시는 진정한 예배가 되길 소망합시다.

어린 양의 피로 씻어진 자들

본문 말씀 9절에는 하나님의 보좌 앞에 나아온 사람들이 있습니다. 그곳은 하나님이 앉아 계신 곳이고 어린 양의 앞이라고 나옵니다. 계시록에는 예수라는 말 보다 '어린 양'이라는 말이 더 많이 나옵니다. 죽임 당한 어린 양을 떠올리면 유월절의 희생제물이 생각나야 합니다. 예수를 어린 양이라고 한 까닭은 우리가 보좌 앞에 나아갈 수 있는 근거를 이야기 한 것입니다. 단지 하나님의 아들인 예수가 아니라 하나님의 보좌 앞에 나아가서 하나님을 볼 수 있는 근거, 그 하나님을 찬양할 수 있는 근거가 어린 양에게 있다는 것입니다.

그런데 이 어린 양과 보좌 앞에 나아온 사람들이 있습니다. 물론 구원받은 모든 자들이 그 보좌 앞에 나아가게 될 것입니다. 그러나 보좌 앞에 나아가기 위해서 한 가지 근거가 있습니다. 그것은 보좌 앞에 나아온 사람들만의 자격이 있다는 것입니다. 바로 어린 양의 보혈로 죄의 용서를 받은 사람들입니다. 9절에는 죄 용서함을 받았다는 말은 나오지 않으나, 흰 옷 입은 사람들에 대해서 나옵니다. 요한계시록 7장 14절을 보면 흰 옷 입은 자들은 어린 양의 피로 그 옷을 씻은 자들이라고 말합니다. 그렇기 때문에 보좌 앞에 서 있는 많은 사람들이 첫 번째 자격 요건이 있습니다. 어린 양의 피로 그 옷을 씻은 자들입니다.

에베소서 2장에는 공중권세 잡은 자들에 대해서 나오고, 창세기에서도 하나님께서 천지창조를 하시고 둘째 날 창조하실 때 '보시기에 좋았더라' 라고 하는 구절이 없습니다. 창세기에 보면 하나님은 둘째 날에 궁창을 만드셨습니다. 많은 신학자들이 궁창은 하늘이고, 그 하늘은 공중권세 잡은 자들이 자리 잡고 있는 곳이기에 하나님 보시기에 좋을 리가 없다고 생각합니다. 공중 권세 잡은 자들 때문에 이 땅에 성령이 없으면 우리가 하나님의 자녀답게 살아갈 수 없습니다. 성령이 계시기 때문에 하나님의 기준대로, 하나님의 원하시는 대로 싸워서 이기면서 나갈 수 있는 것입니다. 이렇게 공중권세 잡은 자들이 이 땅을 좌지우지 하고 있기 때문에 우리는 어둠의 권세를 뚫어야 하는 것입니다.

그런데 보좌 앞에 나아온 사람들의 자격이 어린 양의 피로 그 옷을 희게 씻은 자들입니다. 아무리 하나님께 도와달라고 기도하는데도 뚫어지지 않을 때가 있습니다. 그럴 때에 나를 돌아보게 됩니다. 그러면 반드시 그 기도가 올라가지 못하도록 막는 요소들이 있는데 그것이 바로 죄입니다. 이 죄가 어린 양의 피로 씻어지지 않는다고 한다면 보좌 앞에 나아갈 수 없기 때문입니다. 죄를 갖고 하나님 보좌 앞에 나아간다면 죽고 말 것입니다. 그렇기에 예배는 어린 양의 피로 거룩하게 씻어진 백성들이 하나님께 올려드는 것입니다.

두 번째로 보좌 앞에 나아온 사람들의 모양을 보겠습니다. 성경에는 각 나라와 족속과 백성과 방언에서 구원 받은 사람이라고 했습니다. 보좌 앞에 나아온 사람들은 똑같이 획일화된 사람들이 아닙니다. 각 나라와 족속과 백성과 방언의 열방에 있는 모든 사람들이 다 나왔다는 것입니다. 그 사람들은 언어도 다를 것입니다. 살아왔던 환경도 다를 것입니다. 하나님께 예배하고 기도했던 모습들과 형식들도 다 달랐습니다. 예를 들어 남아프리카의 사람들은 예배를 드릴 때, 자신들의 문화와 풍습을 갖고 예배를 드리는 것입니다. 자신들만의 언어와 노래를 가지고 하나님 앞에 나아가는 것입니다. 그러나 이처럼 예배의 방식과 형식은 다 달라도 하나님을 만나고자 하는 열망과 어린 양의 피로 죄 용서함을 받은 하나의 공통점이 있습니다. 예배는 우리의 죄가 씻음을 받아 하나님 앞에 나아가는 것이 중요하기 때문입니다.

그렇기 때문에 예배를 드리며 하나님의 보좌를 치고 올라가는 시간을 경험할 때, 하나님께서 여러분에게 주신 다양한 은사들을 가지고 예배하길 원합니다. 획일화된 한 가지 기도만이 아니라 각자에게 주셨던 은사와 모습들을 가지고 마음껏 주님께로 나아갈 수 있길 원합니다. 하나님께서는 구원을 차별 없이 주신다고 하셨기 때문에 어떠한 사람도 예외 없이 하나님의 보좌 앞에 나아올 수 있습니다. 그러므로 하나님의 보좌 앞에 나아온 각 사람들처럼 다양한 방법과 가지각색의 은사들을 통해서 하나님이 주신 가장 익숙했던 방법으로 하나님 앞에 나아갈 수 있기를 원합니다. 또 나와 다른 방언과 모습으로 예배를 드린다고 해서 정죄할 이유도 없습니다. 오직 있는 모습 그대로 우리를 받으시는 하나님만을 바라보며 나아가면 됩니다.

하나님과 어린 양의 구원하심을 찬양

저는 이제 보좌 앞에 나아온 사람들이 나와서 무엇을 하고 있는지 구체적으로 살펴보길 원합니다. 그들은 모두 예배를 드리고 있습니다. 그래서 이 보좌 앞에 나아온 이들의 예배가 궁극적인 예배의 모델이 된다고 볼 수 있습니다. 그렇다면 보좌 앞에 나아온 사람들의 예배의 내용은 어떠한 것입니까? 그것은 하나님과 어린 양의 구원하심을 찬양하며 예배하는 것입니다. 그 보좌 앞에 서서 우리가 할 수 있는 것은 구원을 계획하신 하나님을 찬양하는 것입니다. 그 구원을 이루신 예수님을 찬양하는 것입니다. 그리고 그 분에게 영광과 존귀와 능력을 올려드리는 것입니다.

요한 계시록은 로마의 강한 핍박 속에서 황제 숭배사상이 창궐한 그 시대 속에서 사도 요한이 하나님의 영감을 받아서 쓴 글입니다. 그래서 그 시대적인 상황과 연결시켜보면 예수 믿는 자들이 핍박받고 어려움 당하고 순교당하며 죽어갔습니다. 특히 로마에서는 도미시안 황제가 자신을 주인이라고, 자신을 하나님이라고 칭하라고 하였습니다. 그런데 예수 믿는 사람들은 오로지 죽임 당하신 어린 양만이 자신의 주님이심을 고백하였습니다. 그 하나님만이 참 신이라고 고백하며 핍박을 당했습니다. 그런데 마침내 세상에서 겪는 모든 시간이 지나가고 이제 그들은 구원을 계획하신 하나님 앞과 그 구원을 이루시기 위해서 십자가에서 죽으시고 부활하신 예수 그리스도 앞에 서게 되는 것입니다. 그래서 자신들을 구원해 주신 하나님과 어린 양에 대한 감격과 감사를 표현할 수밖에 없었습니다.

땅에서도 구원의 은혜에 감사하며 많은 핍박과 고통을 이겨냈는데, 이제 주님 앞에 실제로 서니깐 감개가 무량한 것입니다. 그래서 그들이 보좌 앞에 올라가 하나님을 뵙고, 죽임 당하신 어린 양을 보고 나서 할 수 있는 일은 오직 구원을 이루신 하나님과 예수님을 찬양하는 일 밖에 없었던 것입니다. 그들이 천상에서 예배드리는 내용이 있습니다. '구원하심이 보좌에 앉으신 우리 하나님과 어린 양께 있도다.' 라는 것입니다. 우리의 마음이 보좌 앞으로 나아가길 원합니다. 그곳에서 구원하심이 하나님과 어린 양 때문이라고 고백하길 원합니다.

영원히 지속되는 보좌 앞의 예배

보좌 앞에서 예배를 드리는 자들의 모습 속에서 예배의 방법을 찾아볼 수 있습니다. 앞서 살펴본 바와 같이, 예배의 내용은 하나님과 어린 양의 구원하심을 찬양하는 것입니다. 그리고 예배의 방법은 큰 소리로 외치며 끊임없이 찬양하는 것입니다. 때로는 제가 예배 인도자로 서서 예배를 끌어갈 때 안타까울 때가 있습니다. 주님을 향한 우리들의 마음이 모아지지 않기 때문입니다. 그런데 본문에서는 다같이 큰 소리로 외쳐 부르고 있습니다. 그리고 거기서 끝나는 것이 아니라 모든 천사가 보좌와 장로들과 네 생물의 주위에서 하나님께 경배하는 것입니다. 보좌 앞의 외침은 감격스럽고 큰 소리로 끊임없이 찬양하는 것입니다.

구원받은 자들이 구원을 베풀어주시는 하나님께 찬양을 했지만 그 찬양은 약할 뿐 아니라 간헐적이고 지속적으로 드리지 못하였습니다. 이 땅에서 드려지는 예배가 그럴 수 있습니다. 그러나 이 땅의 구원받은 교회가 하늘나라로 옮겨졌을 때는 이전과는 다르다는 것입니다. 장소와 시간에 상관하지 않고 모든 힘을 합하여 찬양하고 예배하게 됩니다. 왜냐하면 눈앞에 하나님과 나를 구원하신 어린 양이 계시기 때문입니다. 이때에는 우리만 예배하는 것이 아니라 모든 천사들도 함께 예배하는 것입니다.

12절에 "아멘 찬송과 영광과 지혜와 감사와 존귀와 권능과 힘이 우리 하나님께 세세토록 있을지어다. 아멘"이라고 말씀하고 있습니다.

그런데 이 말씀 구절의 처음과 나중에 '아멘'이라는 말이 나옵니다. 이것은 구원받은 자들이 찬양하고 그 뒤를 이어 천사들도 하나님과 어린 양께 구원하심이 있는 것을 동의한다는 것입니다.

하늘나라에서의 찬양에 가장 두드러지는 특징은 예배의 연속입니다. 이처럼 이 땅에서 드려지는 예배도 하나님이 원하신다고 한다면 마음껏 예배하고 찬양하면서 나아가길 원합니다. 보좌 앞에 치고 올라가서 하나님을 예배할 때 시간이 가는 줄 모릅니다. 이것이 하늘나라에서 드려지는 예배의 모습입니다. 우리는 먼저 구원받은 자들의 예배를 이야기했습니다. 그런데 계시록에서 보면 이 예배만이 궁극적인 예배의 모형이 아니라 두 가지 예배가 더 나오는 것을 볼 수 있습니다. 그래서 우리는 보좌 앞에서 드려지는 예배의 모습을 세 가지로 찾아볼 수 있는 것입니다.

네 생물들이 드리는 예배

보좌 앞에는 네 생물이 있습니다. 그 생물 주변에 원을 그리면서 장로들이 있습니다. 이 생물들과 장로들이 예배드리는 모습이 나옵니다. 요한계시록 4장 8절부터 11절입니다.

> 8 네 생물이 각각 여섯 날개가 있고 그 안과 주위에 눈이 가득하더라 그들이 밤낮 쉬지 않고 이르기를 거룩하다 거룩하다 거룩하다 주 하나님 곧 전능하신 이여 전에도 계셨고 이제도 계시고 장차 오실 자라 하고

9 그 생물들이 영광과 존귀와 감사를 보좌에 앉으사 세세토록 사시는 이에게 돌릴 때에
10 이십사 장로들이 보좌에 앉으신 이 앞에 엎드려 세세토록 사시는 이에게 경배하고 자기의 면류관을 보좌 앞에 던지며 가로되
11 우리 주 하나님이여 영광과 존귀와 능력을 받으시는 것이 합당하오니 주께서 만물을 지으신지라 만물이 주의 뜻대로 있었고 또 지으심을 받았나이다 하더라

사실 이 본문이 보좌 앞에서 드려지는 예배 중에 가장 먼저 나오는 구절입니다. 그러나 우리와 관계된 모습을 깊이 나누기 위해서 7장의 구원받은 자들의 모습부터 나눈 것입니다. 본문에서 우리는 보좌 앞에서는 구원받은 자들 뿐 아니라 하나님을 보좌하고 있는 네 생물들과 원을 그려 둘러 싸여서 함께하고 있는 장로들의 예배를 볼 수 있습니다. 네 생물이 드리는 예배의 내용은 하나님의 성품에 대한 예배입니다. 하나님이 어떤 분이신지 이야기 하는 것입니다.

그런데 이십사 장로는 하나님의 창조를 이야기하고 있습니다. 이십사 장로는 우리를 대표하는 사람들입니다. 이들이 하나님 앞에 예배할 수 있는 근거는 나를 위해서 이 땅을 무에서 유로 만드신 하나님의 창조입니다. 하나님의 모든 것을 높여드리지만 그 분을 찬양할 수밖에 없는 가장 중요한 이유가 하나님의 창조주 되심입니다.

이 네 생물이 하나님을 예배할 때 하나님의 거룩을 이야기합니다. 거룩은 본래 '다르다'의 개념입니다. '하나님은 거룩하시다.' 라는 고백

은 실은 '나는 더럽고 추하고 약하지만, 당신은 나와 다른 분이십니다.' 라는 고백입니다. 그리고 거룩이라는 말 안에는 깨끗하다는 의미가 있습니다. 그러므로 '나는 죄 가운데 있는 사람이지만 하나님은 정결하고 깨끗하신 분이십니다.' 라는 고백이 담겨 있는 것입니다. 또한 거룩은 피조물과 분리되어 있는 초월성이 강조된 말입니다. '하나님, 나는 한계를 갖고 있는 사람이지만 당신은 초월하신 분이십니다' 라는 고백입니다. 이렇게 네 생물이 하나님의 존전 앞에서 '주는 거룩' 이라고 쉬지 않고 24시간을 고백하고 있는 것입니다.

두 번째로 네 생물들이 하나님을 예배하는 내용은 하나님의 전능하심입니다. 그들은 전능하신 하나님을 주 하나님이라고 부르고 있습니다. 이것은 그 당시 교회를 핍박하던 로마의 황제, 도미시안이 자신을 주 하나님이라고 부르라고 강요했기 때문입니다. 그러나 그리스도인들은 그것을 결코 용납할 수 없었습니다. 이제 그가 할 수 있는 일은 순박한 그리스도인들을 죽이고 핍박하는 일 밖에 없었습니다. 그러나 이 땅에 주는 오직 한 분 하나님 밖에 없습니다. 그 분은 이 땅의 모든 신과 다릅니다. 그 분은 전능하신 분이십니다. 그 분은 하늘에 계셔서 원하시는 모든 것을 행하실 수 있는 분이십니다.

시편 115편 3절에서 다윗은 "오직 우리 하나님은 하늘에 계셔서 원하시는 모든 것을 행하셨나이다." 라고 고백하였습니다. 하늘에 계셔서 원하시는 모든 것을 행하시는 분이 우리의 하나님이십니다. 네 생물은 하나님의 이러한 전능하심을 찬양하고 있는 것입니다. 그러므로 하나님을 아버지로 모신 그리스도인들은 하나님의 구원하심과 자녀

삼아 주신 것에 대해 감사하며 하나님의 전능하심을 찬양할 수밖에 없습니다. 이 세상에 어느 누구도 하나님보다 전능하신 분은 없습니다. 전능하신 하나님을 믿으시는데 걱정할 필요가 없습니다. 그 분이 우리 아버지이신데 무엇을 염려하며 힘들어 하십니까? 하나님은 모든 일을 행하실 수 있는 분이십니다. 우리가 할 수 있는 것은 전능하신 주님을 바라보며, 그 분을 찬양하며 나아가는 것입니다.

세 번째, 네 생물이 예배하는 것은 하나님의 영원성이었습니다. '전에도 계셨고 이제도 계시고 장차 오실 이'는 영원하신 분이라는 것입니다. 하나님은 과거에도 전능하셨고 거룩한 분으로 존재하셨습니다. 현재에서도 그렇게 존재하고 계십니다. 뿐만 아니라 미래에도 하나님은 그런 분으로 존재하실 것입니다. 그러므로 영원한 하나님은 이 땅의 로마 황제와는 근본적으로 다르신 분이십니다. 하나님은 처음도 마지막도 없으신 분입니다. 하나님은 언제나 현재만 있는 분이십니다. 그렇기 때문에 초대교회에 일어났던 놀라운 기적과 일들이 오늘날에서도 재현될 수 있습니다. 그 분은 동일하시고 영원하신 하나님이시기 때문에 그렇습니다. 그래서 하나님의 신실하심은 영원성과 연관되어 있습니다. 처음부터 끝까지 변함없이 모든 것을 지켜보시는 분이기 때문입니다. 그래서 우리 평생에 하나님만을 찬양하고 예배할 수 있기를 바랍니다. 이처럼 하나님 주변에 있는 네 생물들이 하나님을 예배하는 데 그 예배의 궁극적인 내용이 하나님의 거룩하심과 전능하심과 영원하심이었음 알 수 있습니다. 우리가 주님을 예배할 때마다 하나님의 하나님 되심을 높이는 것을 잊어서는 안될 것입니다.

이십사 장로들의 예배

하나님의 네 생물 주변 밖에는 이십사 장로들이 있습니다. 이들은 하나님의 창조를 예배하고 있습니다. 이십사 장로의 예배의 모습을 보면 첫 번째로 경배의 자세가 나옵니다. 첫 번째는 엎드림입니다. 두 번째는 입술을 열어서 하나님을 경배합니다. 세 번째는 자신에게 씌워주신 면류관을 하나님께 돌려드리는 것입니다.

하나님께서 면류관을 씌워주셨다는 것은 이 땅에서 어려움과 핍박과 고통이 있었지만 그 모든 것을 주님을 위해서 능히 이겨내었기에 하나님께서 상급으로 주신 것입니다. 그런데 이 장로들이 그것을 벗어서 하나님께 돌려드리는 것은 '이 땅에서 이길 수 있었던 것도 당신 때문입니다.' 라고 고백하는 것입니다. 그래서 그 면류관을 하나님 앞에 돌려드리는 것입니다. '주님이 주신 귀한 면류관이지만 주신 이도 주님이시고 취하실 분도 주님이시다 라는 것, 내게 있는 모든 것이 당신에게로부터 왔습니다.' 라는 경배의 표시입니다.

두 번째 이 예배 속에서 고백하는 내용이 있습니다. 영광과 존귀와 감사를 받으시기에 합당하신 분이라는 것입니다. 하나님이 기뻐하시는 고백이 있습니다. 당신의 성품과 능력을 온전히 인정하는 것입니다. 그래서 하나님만이 모든 영광과 존귀와 권능을 받으시기에 합당하시다는 고백을 기뻐 받으십니다. 이십사 장로들이 이러한 내용으로 하나님께 올려드렸다면 그 내용은 우리의 고백이 되어야 합니다. 이것이 하나님의 보좌 앞에 나아가서 드려야 할 우리의 모든 고백이 되어야 한다는 것입니다. 이 말 외에 다른 것이 나오지 않습니다. 보좌 앞에 나아가서 우리가 할 말은 나를 고쳐주시고, 복 달라는 것이 아니라 하나님만이 영광과 존귀와 능력받기에 합당하시다는 고백뿐입니다.

세 번째로 이십사 장로의 예배의 이유입니다. 왜 이들이 하나님의 창조를 예배할까요? 왜냐하면 이것은 하나님이 이루신 역사 가운데 전무후무한 가장 위대한 일이기 때문입니다. 천지창조를 하는데 인간을 여섯째 날에 만드셨습니다. 첫째 날 인간을 만드셨다면 인간은 외로울 것입니다. 모든 것을 다 만들어놓으신 후에 인간을 만드셨습니다. 아담은 눈을 떴을 때 하나님께서 창조하신 아름다운 세계를 보고 행복했을 것입니다.

이십사 장로들의 예배도 그러합니다. 하나님께서는 나를 위해서 세계를 창조하시고 다시 그 세계를 우리에게 돌려주시기 위해서 우리를 구속하신 것입니다. 구속이 궁극적인 목적이 아닙니다. 구속은 다시 우리를 회복하시고 그 땅을 우리에게 주시고 그 땅을 통치하게 하시기 위해서입니다. 그렇기에 이십사 장로가 하나님 앞에 하나님의 창조를 찬양하는 것입니다. 이십사 장로가 하나님을 예배하는 이유가 바로 하나님이 모든 것을 다시 회복하셔서 새 하늘과 새 땅으로 우리에게 주셨기 때문입니다.

어린 양에 대한 찬양 예배

마지막으로 보좌 앞에 펼쳐지는 예배가 있는데 어린 양에 대한 예배입니다. 요한계시록 5장 9-14절입니다.

> 9 새 노래를 노래하여 가로되 책을 가지시고 그 인봉을 떼기에 합당하시도다 일찍 죽임을 당하사 각 족속과 방언과 백성과 나라 가운데서 사람들을 피로 사서 하나님께 드리시고
> 10 저희로 우리 하나님 앞에서 나라와 제사장을 삼으셨으니 저희가 땅에서 왕 노릇 하리로다 하더라
> 11 내가 또 보고 들으매 보좌와 생물들과 장로들을 둘러선 많은 천사의 음성이 있으니 그 수가 만만이요 천천이라
> 12 큰 음성으로 가로되 죽임을 당하신 어린 양이 능력과 부와 지혜와 힘과 존귀와 영광과 찬송을 받으시기에 합당하도다 하더라
> 13 내가 또 들으니 하늘 위에와 땅 위에와 땅 아래와 바다 위에와 또 그 가운데 모든 만물이 가로되 보좌에 앉으신 이와 어린 양에게 찬송과 존귀와 영광과 능력을 세세토록 돌릴지어다 하니
> 14 네 생물이 가로되 아멘 하고 장로들은 엎드려 경배하더라

죽임당한 어린 양을 향한 예배에는 세 부류가 하나님을 예배합니다. 생물들과 이십사 장로들의 예배, 천사들의 예배 그리고 만물의 예배입니다. 요한 계시록에 나와 있는 궁극적인 예배의 마지막 모습입니

다. 이것은 죽임 당한 어린 양을 향한 예배입니다. 죽임당한 어린 양은 예수 그리스도입니다. 그런데 가장 먼저 보좌 주변의 생물들과 이십사 장로들이 예수 그리스도에 대한 예배를 드립니다. 이들은 일찍 죽임을 당하사 열방을 피로 사서 하나님께 드린 구속을 예배하는 것입니다.

그런데 그들은 새 노래로 드린다고 하였습니다. 새 노래란 어떤 노래입니까? 새 노래는 이 땅에서 만들어지지 않은 노래 같습니다. 성경에는 새 하늘, 새 땅, 새 예루살렘 등이 나오는데 이것들은 모두 이 땅에 없는 것들입니다. 그렇기 때문에 새 노래도 같은 의미이지 않을까 생각합니다. 그렇다면 새 노래는 이 땅에서 불리지 않은 노래입니다.

그러한 의미에서 본문에서 부르는 새 노래를 살펴보도록 하겠습니다. 첫 번째로, 생물들과 장로들이 새 노래로 어린 양을 찬양하는데, 열방을 피로 사서 하나님께 드린 구속을 노래하고 있는 것입니다. 이전에는 이 땅에서 한계를 가지고 살았었는데 그 어린 양의 죽임을 통하여 구속받아 하늘나라 백성된 것을 찬양하고 있는 것입니다. 이 모든 것이 죽임당한 어린 양이 있으셨기에 가능하였다는 것을 하나님께 고백하고 있는 것입니다. 그러므로 어린 양되신 예수 그리스도로 말미암아 구원받은 우리도 이 땅을 살아가면서 동일한 고백을 날마다 올려드려야 할 것입니다. '나는 하나님과의 관계도 끊어졌고, 그 결과 한계를 가지고 이 땅에서 살다가 죽을 수밖에 없는 자였습니다. 그러나 예수님의 피로 내가 구속받았기에 지금 하나님 앞에 담대히 나아갈 수 있고 주님의 은혜 속에서 살아갈 수 있게 되었습니다. 날 구원하여 주신 죽임 당한 어린 양 예수 그리스도를 찬양합니다.'

두 번째로 찬양하는 천사들이 있습니다. 천사의 수가 만만이고 천천 이라고 하였습니다. 만만은 억이라는 수가 됩니다. 수없이 많은 천사들이 모여서 어린 양이 이루어놓은 엄청난 업적에 대한 노래를 지금하고 있는 것입니다. 놀라운 것은 자연발생적입니다. 어린 양 앞에 자연스럽게 모여서 어린 양을 찬양하는 것입니다.

그 찬양의 내용이 "능력과 부와 지혜와 힘과 존귀와 영광과 찬송을 받기에 합당하시다" 는 것입니다. 그런데 이 일곱 가지 내용 가운데 앞의 네 가지는 예수님의 신성에 관한 내용이고 뒤에 세 가지는 예수님의 인성입니다. 능력은 예수님의 부활을 상징하고, 부는 하나님의 보좌를 가지셨던 분인데 그것을 두고 내려오신 부유함을 나타냅니다. 지혜는 세상 사람들의 미련함으로는 이해하지 못하지만 구속하신 십자가를 나타내며, 힘은 부활하심으로 이 땅의 완전한 세력으로 자부해왔던 사단을 꺾으신 것을 의미합니다. 존귀는 높이고, 영광은 하나님의 신성을 인정하는 것이고 찬송은 감사를 나타냅니다. 이 예수님의 인성과 신성이 합쳐져서 온전한 신인을 이루는 것입니다. 그래서 천사들이 일곱 가지를 찬양하고 있는 것입니다. 예수님은 찬양받기 합당하신 분입니다.

마지막으로 만물의 노래가 있습니다. 하늘 위에와 땅 위에와 땅 아래와 바다 위에와 또 그 가운데 모든 만물이 다 하나가 되어서 죽임 당한 어린 양을 찬양합니다. 왜 이 만물들이 죽임 당한 어린 양을 예배할까요? 로마서에 보면 모든 만물들이 하나님 앞에서 구속의 날을 기다리고 있다고 하였습니다. 궁극적으로 이 땅에 있는 사람들이 회복되어지고 구속되어질 때, 이 땅의 만물들도 회복되어집니다. 그래서 죽임 당한 어린 양 때문에 구속함을 받은 만물들이 죽임 당한 어린 양을 찬양하는 것입니다.

나무들이 예배합니다. 동물들이 예배할 것입니다. 모든 것들이 하나가 되어서 그 죽임 당한 어린 양을 찬양할 것입니다. 그 대열에 우리가 있다는 것입니다. 우리는 그 오케스트라를 지휘하는 지휘자입니다. 그래서 죽임당한 어린 양의 예배의 마지막은 만물의 찬양으로 이어지는 것입니다. 만물이 웅장하게 예배할 때 그 안에 있기만 해도 우리 모두는 압도될 것입니다.

예배의 절정을 경험하라

지금까지 계시록에 나와 있는 보좌 앞에서 드려질 예배의 모형을 세 가지로 이야기하였습니다. 그래서 그 보좌 앞에서 드려지는 예배에는 어떤 내용들이 있으며, 어떤 모습으로, 누가 예배를 드리는지에 대해 나누었습니다. 그것은 우리가 비록 하늘에 올라가서 하나님을 예배해야 될 궁극적인 모습이지만 성경에 기록된 이유는 그것을 소망하는 것에서 그치지 않고 이 땅에서도 경험할 수 있다는 것을 말해 줍니다. 마치 사도 요한이 이천년 전에 밧모 섬에 끌려가서 갇혀 있었지만 하나님의 계시를 받고 그의 영혼이 삼층천을 뚫고 그 하나님 나라에 올라가서 모든 것들을 바라보고 누렸듯이 말입니다. 우리도 이 땅에서 이 모든 모습들을 보면서 존귀하신 하나님, 우리를 위해서 죽임 당하신 어린 양을 예배하고 찬양할 수 있어야 합니다.

예배는 우리가 주님 앞에 굴복하고 엎드리는데서 시작됩니다. 그리고 그 가운데 하나님의 임재를 경험하고 주님을 깊이 만나는 것에서 그 절정을 이루게 됩니다. 그러므로 예배는 단순히 하나님이 한 번 만져주시고 눈물을 주시고 치유해 주시는 데서 만족해서는 안됩니다. 예배를 드리기 시작하였으면 주님을 더 깊이 만나는 경험을 해야 합니다. 그러한 경험이 바로 주님 보좌 앞까지 나아가 그분께 찬양과 영광을 올려드리는 예배의 절정입니다.

결국 예배의 시작은 보좌로 치고 올라가는 예배의 절정으로 이어져야 합니다. 이제 우리의 예배를 막고 있는 모든 것들을 뚫고, 주님의 보좌 앞까지 나아가 예배의 절정을 경험하는 예배자들이 되기를 소망합니다.

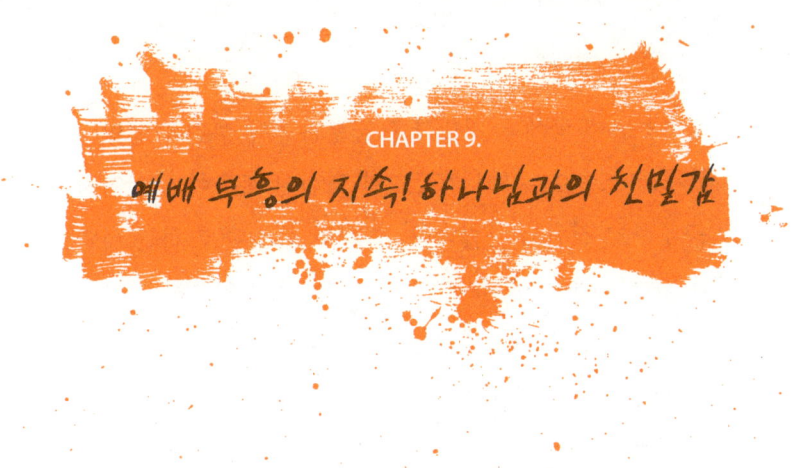

CHAPTER 9.
예배 부흥의 지속! 하나님과의 친밀감

출애굽기 24:12-18

12 여호와께서 모세에게 이르시되 너는 산에 올라 내게로 와서 거기 있으라 네가 그들을 가르치도록 내가 율법과 계명을 친히 기록한 돌판을 네게 주리라
13 모세가 그의 부하 여호수아와 함께 일어나 모세가 하나님의 산으로 올라가며
14 장로들에게 이르되 너희는 여기서 우리가 너희에게로 돌아오기까지 기다리라 아론과 훌이 너희와 함께 하리니 무릇 일이 있는 자는 그들에게로 나아갈지니라 하고
15 모세가 산에 오르매 구름이 산을 가리며
16 여호와의 영광이 시내 산 위에 머무르고 구름이 엿새 동안 산을 가리더니 일곱째 날에 여호와께서 구름 가운데서 모세를 부르시니라
17 산 위의 여호와의 영광이 이스라엘 자손의 눈에 맹렬한 불 같이 보였고
18 모세는 구름 속으로 들어가서 산 위에 올랐으며 모세가 사십 일 사십 야를 산에 있으니라

저는 복음전도를 가르치고 훈련시키며 이 분야에서 깊게 일해오고 있습니다. 하나님께서 강권적으로 저의 삶의 방향을 바꾸셔서 모든 계

획들을 내려놓고 한국에서 전도학을 공부하면서 훈련을 받았습니다. 그러면서 저희 스승으로부터 기독교의 핵심인 복음이 무엇인지를 깊이 있게 공부하고 실천해 왔습니다. 그래서 제가 주로 하는 사역도 복음을 전하고 한 영혼을 구원시키고, 그 영혼들을 양육하고 그 사람들이 또 다른 사람들을 재생산시킬 수 있을 때까지 훈련해 나가는 것입니다. 이것이 전도의 과정입니다.

복음을 조금씩 깨달아 갈 때 마음속에 참 기쁨이 있었습니다. 그리고 나서 기독교 역사를 보니까 하나님이 쓰신 위대한 사람들은 그 중심에 복음이 깊이 있게 뿌리내리고 있다는 사실을 알게 되었습니다. 그래서 제가 이 길을 가면서 기독교의 핵심을 알고 그 복음에 훈련되어져서 다른 사람들에게 그 진리를 나누어줄 수 있다는 것이 참 기쁘고 감사했습니다. 이 복음만 있으면 불가능한 일이 없을 것이라는 확신도 갖게 되었습니다. 그런데 하나님께서는 또 제 의지와는 상관없이 강권적으로 사역의 장으로 내 보내셨습니다.

하나님의 강권적인 손길의 경험

그것은 바로 하나님께서 훈련원을 시작하게 하시고 교회 개척을 하게 하신 것입니다. 하나님께서 강권적으로 내미시는 일에 순종하지 않을 수 없었습니다. 그러자 영혼들을 만나고 복음을 전하면서 하나님께서 깊게 깨닫게 하시는 부분이 있었습니다. 이제까지 수많은 사람들을 만났고 훈련시켰고 강의했고 한국의 많은 교회를 다니면서 세미나와 집회를 통해 복음적인 영향력을 끼쳐왔기 때문에, 복음의 영향력에 대해서는 의심하는 부분이 없었습니다. 그런데 목회를 하면서 제 안에 새롭게 깨닫게 된 것이 참 많았습니다.

저는 영혼에게 복음을 전하는 전도자는 누구보다도 영혼들을 돌아보아야 한다고 생각합니다. 그리고 지금도 그 마음에는 변함이 없습니다. 또한 사랑하는 마음 없이 전도할 수도 없고 제자훈련과 양육을 할 수 없다는 것도 알고 있습니다. 그런데 제가 하나님 앞에 무너진 것이 목회를 하다보니까 영혼이 말을 듣지 않고, 규칙 안에 서지 못한다고 해서 그 영혼을 포기해 버릴 수 없다는 것입니다. 포기해 버리면 곧바로 세상과 연결되기 때문입니다. 그 책임은 저에게 있었고, 안타깝고 아픈 일이었습니다. 목회를 하면서 영혼을 사랑한다는 것, 아비의 마음을 알아간다는 것이 무엇인지 다시금 알게 하셨습니다.

성령의 역사에 대한 귀한 깨달음

목회를 하면서 제가 처음에 훈련받게 되었던 부분이 영혼 사랑이라는 것을 깨닫게 되었고, 그러면서 저도 모르게 높아지고 교만해졌던 마음을 하나님 앞에 내려놓고 눈물로 영혼을 사랑할 수 있도록 기도하게 되었습니다. 또한 교회가 전도하지 못한다고, 복음적인 마인드가 없다고 마음속에서 비판했던 것을 하나님 앞에 철저하게 회개케 하셨습니다. 그리고 한국의 교회와 목회자분들을 바라보면서 교회가 수

적인 성장을 하는 것만으로 평가받아서는 안 된다는 것을 배웠습니다. 중요한 것은 목회자들이 한 영혼을 위해서 얼마나 많은 땀방울과 눈물을 흘리는 것인지를 깨닫게 하셨습니다.

또 하나 깨닫게 하신 것은 역시 복음이었습니다. 복음 안에서 많은 사람들이 세워지고 복음 안에서 회복되어지고 복음 안에서 모든 것들이 이루어질 수 있다는 것을 믿고 지금도 그러한 사역을 하고 있습니다. 그런데 하나님께서 더 깊게 깨닫게 해 주시는 것이 있는데, 복음을 전할 때 지적이고 논리적으로도 복음을 전하지만 그 안에 성령의 역사가 반드시 있어야 한다는 것입니다. 제가 늘 강조해 왔던 것이지만, 목회 현장에서 성령의 역사 없이는 구원의 역사가 있을 수 없다는 것을 저에게 가르쳐 주셨습니다.

한 예를 들면, 예수님께서 부활하시고 제자들을 사십일 동안 만나 주시면서 "네가 약속한 것을 보내줄 때까지 이 성을 떠나지 말아라." 라고 말씀 하셨습니다. 예수님께서 승천하시고 성령이 오실 때까지 오십 일이 걸렸습니다. 그런데 이러한 오순절의 사건이 있기 전까지 성경 어디를 봐도 구원의 역사가 일어나지 않았다는 것입니다. 성령 없이는 절대로 구원의 역사가 일어날 수 없습니다. 아무리 입술로 복음을 외친다고 할지라도 성령 없이는 구원의 역사가 일어날 수 없습니다.

그래서 복음을 전하러 갈 때에 항상 성령님께서 권세와 능력으로 역사해 달라고 기도하고 전도하며 훈련도 해왔습니다. 그런데 목회를 하면서 느낀 것은 성령의 능력 없이 아무리 지적으로 가르쳐도 그 한 영혼이 가르침대로 살아갈 수 없다는 것을 알게 되었습니다.

예레미야 33장, 에스겔 37장을 보면 성령에 대한 말씀이 자세히 나오는데, 너희들이 법이 없어서 우상을 섬기고, 너희들이 하나님의 말씀이 없어서 이방에게 간 것이 아니라고 합니다. 그것을 지킬 능력이 없기 때문에 우상을 섬기고 죄를 짓고 마음대로 살아왔다는 것을 하나님께서 지적하십니다. 그리고 이제 내가 나의 영을 너희 안에 불어 넣어주겠고 율법을 마음속에 써주시겠다고 말씀하십니다. 이것은 새 언약과 새 약속을 채결해 주시는 것입니다. 그래서 성령의 능력이 없이는, 성령이 강하게 역사하시는 것에 대한 경험 없이는 아무리 율법적으로 많은 것을 안다고 할지라도 그것을 지켜나갈 수 있는 데에는 한계가 있습니다. 그렇기에 성령의 역사를 간과할 경우, 제자훈련에도 한계가 있다는 것을 보게 되었습니다.

저는 사랑의 교회 고 옥한흠 목사님을 존경합니다. 그분은 우리나라에 제자훈련을 일으키신 장본인이시고 제자훈련으로 수많은 제자들을 세우셨습니다. 그러나 당신께서 이 사역을 하시는 것이 중요한 일인 줄 아셨지만 그 안에서 성령의 역사와 강한 임재가 없이는 제자훈련에도 한계가 있다는 것을 아셨습니다. 그래서 제자훈련의 스피릿을 가지고 계신 제자를 그 자리에 세우시고, 말씀으로 기초를 닦아놓은 터 위에 성령 운동을 펼쳐 나가게 하신 것입니다. 저도 예전에 목회를 하기 전에는 분석하고 평가하는 일만 해왔었는데, 실제로 목회 안에 들어가 보니까 한 사람의 변화가 빨리 보여 지지 않다는 것을 알게 되었습니다. 성령의 강한 임재 없이는 아무리 배워도 지켜나갈 수 없다는 것을 주님께서 깨닫게 하셨습니다.

세계의 큰 교회들을 다니면서 왜 그 교회들이 성장하게 되었는지 하나님께서 보게 하신 적이 있습니다. 인도나 스리랑카, 태국 등 어느 나라를 가든지 가장 큰 교회는 오순절 교회였습니다. 성령이 역사하시는 교회라는 것입니다. 그래서 하나님께 '저는 목사의 아들이고, 전통 안에서 자라온 사람이지만 전통보다 더 중요한 것이 성령이라는 것을 압니다. 전통을 깨지 않는 선에서 성경대로, 하나님이 원하시는 대로 성령의 사람으로서 목회할 수 있도록 해 주십시오.' 라고 간구하게 되었습니다.

그런데 저는 이제까지 공부만 해왔던 사람이기 때문에 뜨거움은 있다고 할지라도 제 은사가 따로 있기에, 하나님께서 성령에 관한 부분들은 사람들을 붙이시고 환경들을 여셔서 제가 경험할 수 있게 해달라고 기도했습니다. 그랬을 때 하나님께서 사람들을 붙여주시고 환경을 열어주셔서 놀라운 성령의 능력들을 알게 하시고 보좌를 뚫고 올라가는 기도와 같은 은사적인 체험까지도 허락해 주셨습니다. 이렇게 예배의 경험이 한번 뚫어지니까 하나님은 제가 알고 있는 지식 안에서 더욱 풍성한 은혜를 누릴 수 있도록 해 주셨습니다.

물론 그 과정 안에서 시행착오도 있었습니다. 왜냐하면 성령 운동이라는 것이 조금만 도를 넘으면 이단성이 있기 때문입니다. 그렇다고 이단성이 있다고 해서 성령 운동을 무시하는 사람들은 변화가 일어나지 않습니다. 그래서 목회자들의 갈등이 여기에 있는 것 같습니다. 하지만 성령의 역사가 없이는 아무리 오랫동안 예수를 믿어도 하나님의 사람으로 변화되어가는 모습들은 나타나지 않습니다. 그래서 한 사람의 전인격적인 변화는 지적인 부분의 가르침도 중요하지만, 성령의 경험이 있을 때 가능한 것입니다.

성령의 역사를 경험하는 통로, 예배

이러한 배움을 기반으로 저는 교회의 전통 안에서 성령을 더 깊이 경험하는 방법들이 어떤 것이 있는지 하나님께 묻기 시작했습니다. 그래서 하나님께서 길을 열어 주시고, 경험하게 하신 것이 예배였습니다. 저는 예배 학자와 예배 운동가만 예배의 부흥을 이야기해서는 안 된다고 생각합니다. 기존의 전통 예배 안에서 하나님의 임재를 경험하지 못한다면 성령이 역사하시는 장으로 조금 더 나오셔야 합니다. 그러나 기존의 예배를 무시하고 무조건적인 성령의 체험만을 강조하고 따라갔다면 그 안에서 아무리 성령의 역사를 경험했다고 할지라도 그것은 잘못된 신비주의로 갈 수 있습니다. 그러므로 말씀과 성령의 균형 잡힌 신앙이 필요합니다.

사실 '부흥'이라는 주제는 전도학이란 학문에서 중요하게 다루고 있는 분야입니다. 부흥에 대해서 이야기 할 때 비록 예배 운동가는 아니지만 하나님께서 저에게 깨닫게 하신 것들과 성경 안에서 발견하게 하신 것들이 있어서 이 글을 쓰게 된 것입니다. 그런데 제 안에는 무거운 마음이 있습니다. 이 세 번의 내용으로 예배를 정의하고 예배의 원형을 회복하기가 어렵기 때문입니다. 그리고 교회 안에서도 기존의 전통적인 예배만을 주장하시는 분들에게는 이러한 정의가 쉽게 받아들여지지 않을 수도 있고, 반대로 열정적으로 찬양하는 것을 예배라고 생각하는 이들에게는 어떻게 중도로 오게 하느냐 하는 것이 제 마음속에 있는 과제였습니다. 그러나 우리가 다시금 예배의 본질적인 의미를 회복하고 그 안에 생명을 걸고 주님을 기대하고 나간다면, 예배의 부흥이 일어나게 될 줄 믿습니다.

사실 예배를 통해서 하나님의 임재를 경험할 수 없고, 우리의 전인격적인 변화가 없다면 어떤 것으로도 우리를 바꿀 수 없습니다. 그리스도인은 적어도 일주일에 한 번의 예배를 드리는 데 그 한 번의 예배에서조차 성령의 임재를 경험하지 못하고 성령의 위로를 받지 못한다면, 어떠한 특별한 프로그램을 만들어놔서 그 사람들에게 불을 집힌다고 한들 그것은 순간적인 것 밖에 되지 않습니다. 그래서 교회 안에 있는 예배들이 회복되고, 부흥해야 성령님을 만나고 우리들이 지속적으로 변화될 수 있는 장이 열리는 것입니다. 더 나아가 그 예배가 우리의 삶으로까지 이어져 진정한 삶의 예배가 될 수 있는 것입니다.

그래서 예배에 대해서 내가 너무나 한쪽으로 치우쳐 있다고 생각되는 부분들이 있다고 한다면, 성경적으로 중심을 잡으셨으면 좋겠습니다. 예배는 분명 성령의 역사가 있어야 하지만, 무조건적으로 성령을 구하는 것이 아니라 말씀과 성령 안에서 균형을 잡고 있어야 합니다. 성령의 역사가 있을 때 우리의 마음이 움직이고 진정한 찬양을 드릴 수 있지만, 말씀이라는 기준이 있어야 잘못된 신비주의로 흘러가지 않을 수 있습니다. 이처럼 우리의 예배 속에서 말씀과 성령의 조화는 정말로 중요한 요소입니다. 그러므로 말씀과 성령이 균형 잡힐 때 우리의 예배는 주님이 주시는 놀라운 부흥을 지속적으로 경험할 수 있을 것입니다.

예배, 꿇어 엎드림

제가 이전 장에서 예배의 시작을 '꿇어 엎드림'이라고 말씀드렸습니다. 하나님 앞에 꿇어 엎드린다는 것은 형식적으로 왔다가는 것이 아니라 내가 부서지고, 겸손해지고, 낮아져서 그 분 앞에 엎드리는 것입니다. 그래야 주님이 보이기 시작하고 그 분의 임재가 있고, 주님의 음성을 들을 수 있습니다. 그러나 우리가 엎드리는 것이 육체적으로만 엎드리는 것이 아니라 마음의 엎드림과 영적인 엎드림으로 이어져야 한다고 하였습니다. 만약 우리가 예배를 드리러 와서도 하나님을 만나지 못한다면, 내 몸과 마음과 영혼이 낮아져서 주님 앞에 온전히 엎드리고 있는지 돌아보아야 할 것입니다.

그렇게 우리가 주님 앞에 엎드릴 때, 성령께서 눈물을 주시고 위로하시고 치료하십니다. 그러나 이것이 우리가 예배를 통해서 누려야 하는 궁극적인 목적이 아니라는 것입니다. 우리의 예배의 궁극적인 목적은 하나님의 보좌 앞에 올라가는 것입니다. 하지만 우리의 예배와 찬양이 보좌 위로 올라가지 못하는 이유는 공중권세 잡은 자들이 하늘을 가로 막고 있기 때문입니다. 그 결과 우리의 기도와 예배, 모든 것이 주님께로 올라가지 못하고 땅에 떨어지는 것이라고 말씀 드렸습니다.

그래서 요한 계시록에 나오는 보좌 앞에서 나오는 대표적인 세 가지의 예배를 나누었습니다. 그 예배는 나중에 천국에서 드려질 예배이지만 그 예배가 요한 계시록에 기록되었다는 것은 첫째로 우리가 궁극적으로 하나님 앞에 올라가서 그러한 예배를 드릴 수 있다는 소망과 모델을 제시해 주는 것이라고 했습니다. 그리고 그 모습대로 이 땅에서도 우리가 예배드리며 나아갈 수 있다고 말씀드렸습니다. 그러나 보좌를 치고 올라갈 수 있는 예배는 성령의 도우심이 없이는 절대로 있을 수 없습니다. 그러므로 우리가 이 땅에서 드리는 예배가 하나님의 보좌 앞으로 올라갈 수 있도록 어린양의 피와 성령을 전적으로 의지하며 나가야 합니다.

하나님과의 친밀한 만남

이제 예배의 부흥을 위해서 말씀 드리려고 하는 것은 '하나님과의 친밀감'이라는 것입니다. 한 번의 열정 있는 예배, 한 번의 살아 있는 예배, 한 번의 부흥이 있는 예배를 드렸다고 모든 것이 끝난 것이 아닙니다. 이 한 번의 예배는 또 다른 예배에 대한 기대감을 갖게 합니다. 또 다른 살아있는 예배를 경험하게 하는 요소가 됩니다. 예배를 통해서 성령의 임재를 경험해야 그러한 예배를 또다시 찾게 됩니다. 이처럼 한 번의 살아있는 예배, 성령의 임재가 있는 예배를 통해서 마음이 변화되어지고 뜨거워지면, 예배는 그것으로 끝나는 것이 아닙니다. 주님은 우리에게 성령을 또 다시 경험하고자 하는 마음을 주셔서 다음의 예배 가운데 더 깊게 들어갈 수 있도록 해 주십니다.

그런데 제가 말씀드리는 것은, 이 성령의 임재가 있는 예배가 한 차례, 두 차례 계속되어 진다면 이 가운데서 하나님과 친밀감이 깊어지는 것입니다. 예배의 정의를 '하나님과의 만남'이라고 할 수 있다고 말씀드렸습니다. 그래서 열정이 있고, 성령의 임재가 있는 예배를 드렸다고 했을 때 그것은 하나님을 경험했다고 할 수 있습니다. 그 결과 예배를 통해서 한 번, 두 번 하나님을 경험할 때 하나님과 친밀감을 갖게 되는 것입니다.

성결교회의 대표적인 부흥사였던 이성봉 목사님은 평생을 하나님과 동행하려고 노력하셨습니다. 그분은 어디에 가시든 항상 옆 자리 한 자리를 비워두셨다고 합니다. 왜냐하면 그 자리는 목사님 곁에 계신 성령님께서 앉으셔야 하는 자리이기 때문입니다. 물론 그 자리를 비워두지 않는다고 성령님이 앉지 않는 것은 아니지만 그분은 그 정도로 의식적으로 성령님과 동행하려고 했습니다. 이처럼 우리가 주님을 인식하고 날마다 만나야 친밀해지고 관계가 밀접해지는 것입니다.

그런데 우리가 하나님을 만날 수 있는 많은 길이 있지만, 가장 보편적인 방법이 예배라는 것입니다. 그래서 에녹의 모습을 보면 하나님과의 친밀한 정도에 따라서 사람이 죽음을 경험하지도 않고도 하늘에 올라갈 수 있음을 알 수 있습니다. 우리는 에녹이 하나님과 얼마나 친밀했는지는 알 수 없습니다. 그런데 성경은 단지 하나님의 주권이라고 에녹을 죽이지 않고 하늘에 데려가신 것이라고 이야기하지 않습니다. 하나님이 데리고 가셨다는 것의 실마리는 에녹이 하나님과 동행했다는 것입니다. 쉽게 이야기할 수 없지만 죽음을 경험하지 않고도 하늘에 올라갈 수 있을 정도로 하나님과 깊게 동행하였다는 것입니다.

또 한 예로, 창세기 6-7장에 나오는 홍수 이야기를 들 수 있습니다. 세상이 다 죄로 덮였을 때 하나님께서 세상을 심판하려고 하십니다. 그런데 이 심판을 모면한 사람이 바로 노아와 노아의 가족입니다. 왜 하나님이 노아만 심판하지 않고 살려주셨을까요? 창세기 6장 9절은 다음과 같이 기록하고 있습니다. "이것이 노아의 족보니라 노아는 의인이요 당대에 완전한 자라 그는 하나님과 동행하였으며" 이 말씀은 노아가 하나님과 동행하였다는 것을 알려주고 있습니다. 하나님께서 죽음을 경험하지 않고 하늘로 데려가시든지, 이 땅이 모두 악하여 하나님의 심판 가운데 있지만 그 가운데서도 살려두시는 사람이 있다고 한다면, 그 이유가 바로 '하나님과 동행'이었습니다. 이것은 다시 말해서 하나님과의 친밀함입니다.

노아는 의인이고 당대의 완전한 자라고 말합니다. 의인은 의로운 상태를 나타냅니다. 죄인이었지만 예수 그리스도의 피로 말미암아 죄의 용서를 받으면 의인이 되는 것입니다. '완전한 자'라는 것은 '흠 없고 건전하다'라는 의미로 그가 도덕적으로 성실하고 종교적으로 정결한 자라는 것을 말해 주고 있습니다. 그리고 '동행하였다' 라는 것은 하나님과의 관계를 말하는 것입니다. 그래서 노아가 하나님 앞에 심판을 받지 않았던 가장 중요한 것은 하나님과의 친밀감이라고 할 수 있습니다.

하나님과 친밀하십니까?

아버지라고 불렀을 때 하나님의 친근한 음성이 들리십니까? 친밀한 관계 속에서 눈을 감고 아버지를 불렀을 때 하나님은 우리에게 사랑의 음성을 들려주시는 분입니다. 아무런 기도를 하지 않았더라도, 아버지라고 부르기만 해도 주님이 임재하실 때가 있습니다. 그래서 더욱 기도하게 하시고 울게 하십니다. 기도하고 울면서 아버지 앞에 나아갈 때 그 시간은 주님이 함께 하시는 시간이며, 당신과 더욱 친밀하게 만들어주시는 계기가 됩니다. 결코 그 시간은 헛된 시간이 아니라 주님께서 카운트 해 주시는 시간입니다. 우리 마음속에 여러 가지 복잡한 생각이 있을 때 아버지의 이름만 불러도, 하나님께서 모든 것을 아신다고 말씀하십니다. 이렇게 사랑과 위로의 음성으로 다가오시는 주님 앞에서 우리는 모든 기도제목을 내려놓고 울 수밖에 없습니다. 그렇기에 이러한 좋으신 아버지 하나님과의 관계가 멀어지는 것만큼 신앙생활을 하는데 안타까운 것이 없습니다. 아무리 하나님을 불러도 막힌 담처럼 아무런 음성이 없다면 그만큼 관계가 멀어져 있는 것입니다. 출애굽기 24장 9절부터 18절을 보겠습니다.

9 모세와 아론과 나답과 아비후와 이스라엘 장로 칠십 인이 올라가서
10 이스라엘의 하나님을 보니 그의 발 아래에는 청옥을 편 듯하고 하늘 같이 청명하더라
11 하나님이 이스라엘 자손들의 존귀한 자들에게 손을 대지 아니하셨고

그들은 하나님을 뵙고 먹고 마셨더라

12 여호와께서 모세에게 이르시되 너는 산에 올라 내게로 와서 거기 있으라 네가 그들을 가르치도록 내가 율법과 계명을 친히 기록한 돌판을 네게 주리라

13 모세가 그의 부하 여호수아와 함께 일어나 모세가 하나님의 산으로 올라가며

14 장로들에게 이르되 너희는 여기서 우리가 너희에게로 돌아오기까지 기다리라 아론과 훌이 너희와 함께 하리니 무릇 일이 있는 자는 그들에게로 나아갈지니라 하고

15 모세가 산에 오르매 구름이 산을 가리며

16 여호와의 영광이 시내 산 위에 머무르고 구름이 엿새 동안 산을 가리더니 일곱째 날에 여호와께서 구름 가운데서 모세를 부르시니라

17 산 위의 여호와의 영광이 이스라엘 자손의 눈에 맹렬한 불 같이 보였고

18 모세는 구름 속으로 들어가서 산 위에 올랐으며 모세가 사십 일 사십 야를 산에 있으니라

이스라엘의 위대한 지도자, 모세도 연약한 인간이었습니다. 모세가 온유했기 때문에 40년 이스라엘 백성들을 끌어갈 수 있었던 것은 아니었습니다. 이스라엘 백성들이 틈만 나면 모세를 찾아가서 모세를 죽이려고 할 정도로 문제만 생기면 달려갔습니다. 모세를 원망하고 애굽으로 돌아간다고 몇 번이나 말했는지 모릅니다. 그런데 그 시간이 1, 2년

도 아니라 40년이나 되었습니다. 완악한 이스라엘 백성들이 40년 동안 그러했으니 모세의 마음은 허물어졌을 것입니다. 그럼에도 불구하고 모세는 자신을 죽이려는 이스라엘을 포기하지 않았습니다. 어디서 그러한 힘과 인내가 나왔습니까? 그것은 바로 모세가 하나님과 대면하는 데에서 나오는 능력이었습니다.

구약성경에 보면 하나님께 쓰임 받았던 선지자들은 하나님을 만날 때 무서워서 엎드렸지만 모세는 직접 하나님과 대면하였던 사이였습니다. 그래서 하나님께서도 그를 친구처럼 대하셨다고 합니다. 출33장 11절 "사람이 자기의 친구와 이야기함 같이 여호와께서는 모세와 대면하여 말씀하시며 모세는 진으로 돌아오나 눈의 아들 젊은 수종자 여호수아는 회막을 떠나지 아니하니라."에서 알 수 있듯이 모세가 어려운 광야 40년의 시간을 뚫고 나갈 수 있었던 가장 큰 힘이 바로 하나님과 친밀한 대면에 있었다는 것입니다.

마음은 속상하고 이들을 끌고 다시 돌아갈까 하는 여러 가지 생각들이 들 수도 있었지만 모세는 그 문제를 가지고 하나님께 다시 찾아갔습니다. 그럴 때 마다 하나님은 모세를 친구처럼 만나 주셨습니다. 이것이 하나님과 모세의 만남입니다. 어떻게 하나님과 우리가 친구가 될 수 있습니까? 모세가 하나님과 그런 관계에 있기 때문에 모세를 만나 주시고 어떻게 풀어갈지 지혜를 주시고 길을 가르쳐 주신 것입니다. 위로해 주시고 힘을 주신 것입니다. 그래서 모세는 그 힘으로 인내할 수 있었고 그 힘으로 가나안 땅을 기대하며 온유할 수 있었습니다.

하나님이 나를 위로하시고 만져주시는 것이 없다면 내 인간적인 기질은 그대로 드러나게 됩니다. 내가 사람과 환경을 참지 못하기 때문입니다. 그래서 우리 모두는 하나님을 만나되 친구처럼 만날 수 있는 친밀감이 필요합니다. 성경의 위대한 인물들이 하나님과 얼마나 친밀했는지 볼 수 있습니다. 내가 하나님과 친밀하면 친밀 할수록 하나님께서 나와 함께하시고, 나를 사용하실 것입니다.

궁극적으로 이 친밀감은 만남을 통해서 이루어지고 그것의 가장 보편적인 방법은 예배라는 것입니다. 처음에는 하나님의 음성인지 아닌지도 모릅니다. 그런데 계속해서 예배 가운데 위로하시고 감싸 주시는 주님을 경험하고, 예배를 드리면서 더욱 또렷해지는 주님의 음성을 듣게 되고, 그 분의 임재와 치료와 회복을 경험하게 되면서 주님을 전적으로 신뢰하게 됩니다. 주님을 신뢰하게 되면, 주님을 기대하게 되고, 주님을 사랑하고 그 분을 더욱 만나고자 합니다. 그렇게 주님과의 친밀함이 쌓여져 가는 것입니다.

기독교는 경험의 종교입니다. 지식만을 가지고 사람을 변화시킬 수 없습니다. 성경을 배우기 위해서 이곳저곳 따라다녀서 많이는 알고 있지만 내 삶에 전혀 능력이 나타나지 않을 수 있습니다. 또한 맹목적으로 믿는다고 해서 능력이 나타나는 것도 아닙니다. 우리의 신앙은 경험적으로 알고 있는 하나님에 대한 지식에서 신뢰와 믿음이 생기는 것입니다. 다시 말해서 우리의 신앙이 하나님과의 친밀한 관계 속에서 깊이를 더해갈 수 있다는 것입니다.

성경을 볼 때 여호수아는 모세의 종이었습니다. 여호수아는 모세의 종으로서 하나님이 모세를 얼마나 자주 만나 주셨고, 얼마나 깊이 모세를 대면하셨는지를 보고 들었을 것입니다. 그렇기 때문에 여호수아도 하나님과 친밀해지기를 간절히 소원했고, 모세의 뒤를 이을 수 있었습니다. 힘으로 믿음의 계보를 잇는 것이 아닙니다. 능력으로 하나님의 계보를 잇는 것이 아닙니다. 하나님을 얼마나 깊이 알고, 얼마나 많이 경험했느냐 라는 하나님과의 친밀감으로 믿음의 계보를 잇는 것입니다.

언약, 하나님과의 친밀한 관계

하나님께서는 이스라엘 백성들을 애굽에서 끌어내시고, 50일이 되는 날 시내산에 도착하게 하셨습니다. 그리고 시내산에서 아무것도 모르는 그 백성들에게 일방적으로 언약을 맺어주셨습니다. 그 언약을 맺어주신다는 것은 "나는 너희 하나님이고, 너희는 나의 백성이다."라는 관계의 확증입니다.

구약성경의 두 가지 큰 봉우리가 있는데 그 중 하나가 시내산 계약이고 또 하나는 다윗의 언약입니다. 왜냐하면 시내산 계약을 통해서 하나님과 하나님의 백성과의 관계가 정립되어지고, 다윗의 언약을 통해서 다윗의 자손을 통하여 메시아 예수 그리스도가 나오는 것이기 때문입니다. 이 시내산 계약을 통해서 하나님은 이스라엘 백성들에게 '나는 너희 하나님이고, 너희는 나의 백성'이기 때문에 어떻게 살아가야 하는지를 말씀해 주셨습니다. 그리고 그들과 항상 동행한다는 표징으로 성막을 지으라고 하셨습니다.

시내산에 맺으셨던 계약은 오늘날 하나님과 당신의 백성들 사이에서도 동일하게 적용되고 있습니다. 이스라엘이 처음 하나님과 계약을 맺었을 때, 하나님께서 그들 가운데 행하신 일이 우리에게 큰 은혜로 다가옵니다. 하나님이 그들과 계약을 맺어주시고 산 위로 모세와 이스라엘의 대표들을 부르십니다. 하나님은 인격적인 분이십니다. 그들과 더 교제해 주시고 더 친밀해지기 위함입니다. 그리고 11절에 하나님과 장로들과 모세가 모여서 밥을 먹는다고 나옵니다. 그들 모두가 하나님을 뵙고, 먹고, 마셨다는 것입니다. 이것이 오늘날 구원받은 사람들의 모형이 되는 것입니다.

시내산 계약의 모든 이야기들은 하나님과 그 분의 백성이 된 우리들이 어떻게 살아가야 하는지를 보여주고 있습니다. 오늘도 하나님은 구원받은 당신의 백성들과 만나시길 원하십니다. 그리고 그 안에서 친밀감을 누리길 원하십니다. 그러나 이 친밀감은 일방적인 기도와 예언하는데서 끝나는 것이 아니라 하나님과 눈과 눈을 마주하고 이야기 하는 것입니다. 우리는 모세를 보면서 하나님이 원하시는 친밀감을 알 수 있습니다. 하나님은 이스라엘의 장로보다 모세를 40일 동안 더 깊이 만나 주십니다. 이것은 하나님을 같이 만난다고 할지라도 친밀감의 정도는 차이가 난다는 것입니다. 이것은 차별이 아니라 정도의 차이입니다. 우리도 모세와 같이 주님을 더 깊게 만나고 더 깊은 친밀함을 가질 수 있도록 기도해야 합니다.

하나님께서 이미 이스라엘 백성들을 사랑하시고 계셨지만, 백성들이 그 사랑을 느낄 수 있도록 당신 곁으로 불러 주셨습니다. 그리고 그들로 하여금 당신과 친밀함을 쌓을 수 있는 기회를 주셨습니다. 시내산의 계약은 하나님이 당신의 백성들과 만나고, 교제하고, 더 나아가 친밀감을 갖게 하시는 은총의 통로였습니다. 그렇다면 지금 이 순간 예수 그리스도를 통해서 하나님과 온전히 화평케 된 자로서 우리가 해야 할 일은 무엇입니까? 날마다 하나님 곁으로 더 가까이 나아가 주님을 뵙고, 그 분과 같이 먹고, 함께 교제하는 친밀함 삶이 아닐까 생각합니다. 하나님과의 친밀한 관계는 우리가 하나님을 만날 때 시작됩니다. 우리가 주님을 만날 수 있는 예배의 시간을 소홀히 여기지 맙시다. 오늘 드려지는 예배에 생명을 걸 때, 우리는 하나님의 백성답게 예배의 부흥을 지속적으로 경험하며 주님과 동행하며 살 수 있을 것입니다.

하나님,
이제까지 할 수 있다고 생각하며 살아온 것을 다 내려
놓겠습니다. 내 힘과 내 능력으로 살아왔던 것 다 내려
놓겠습니다. 저를 만나 주십시오. 하나님을 만나야 그
예배가 성공한 예배임을 믿습니다. 이 시간 하나님을
만나는 데 방해가 되고, 제가 당신 앞에 엎드리는데 방
해가 되는 나의 모습들을 성령의 감동으로 보게 하시고,
온전히 깨뜨려서 내려 놓게 해 주십시오.

나는 나를 제대로 바라볼 수 없습니다. 성령께서 이 시
간 저를 조명하여 주시옵소서. 다 내려놓았다고 생각하
는데 아직도 남아 있는 찌꺼기 같은 것이 있고 포기해
야 하는 것이 있습니까? 성령으로 조명하여 주옵소서.
온전히 엎드려져야 당신을 만날 수 있음을 깨달았습니다.
내가 온전히 엎드릴 수 있도록 도와주십시오.
하나님 아버지를 만나고 싶습니다.